写真アルバム

宮崎市の100年

記憶の色景

カラープリントに残る宮崎

神武さまのシャンシャン馬道中　シャンシャン馬は新婚夫婦が鵜戸神宮などに参拝した習俗をもとに観光化した行事で、昭和 24 年から神武さまへ参加するようになった。橘通 3 丁目交差点から西を見ており、左は日高時計本店（現日高本店）、右のビルはかつては橘国際ホテルであったが、同 52 年からは映画館・宮崎セントラル会館となった。なお同館は平成 17 年にイオン宮崎ショッピングセンター内に宮崎セントラルシネマとして移転、跡地は駐車場となっている。〈橘通西・昭和 51 年・提供＝小川悦子氏〉

神武さまの牛車　昭和 37 年から山形屋と橘百貨店は、それぞれ神賑行列に牛車を出すようになった。写真の牛車は井内ゴム車両が制作したもの。〈市内・昭和 40 ～ 50 年代・提供＝井内節子氏〉

一番街の七夕祭り　昭和 37 年から始まった行事で、万国旗を商店街に掲げ、七色の短冊、くす玉を飾った笹竹が立てられた。現在のミスタードーナツ宮崎一番街ショップ付近で、写真の頃はサロン弁慶、ツルヤレコード、湖月会館などの店舗があった。〈中央通・昭和 48 年・提供＝個人蔵〉

江平音頭おどり大会　江平音頭は当時の商店街理事長によりつくられ、江平町２丁目区会主催の大会でお披露目された。写真の空き地は、現在マクドナルド江平店が建っている。その後、江平音頭は江平小学校の運動会や、７月の江平子安観音大祭でも踊られた。〈江平東・昭和 50 年代後半～ 60 年代・提供＝本田書店〉

細江の秋祭り　かつて細江地区には金宮神社と八幡神社があり、それぞれの例祭が盛大に行われていた。しかし老朽化や人手不足などの理由から、平成 17 年に２つの神社が合祀されて細江神社となり、例祭も１つにまとめられた。婦人会の女性たちが編み笠と揃いの衣装で記念撮影。写真は細江公民館付近と思われる。〈細江・昭和 50 年代・提供＝松浦夏菜氏〉

白髭神社の火祈祷神楽　白髭神社は旧称白糸大明神といい、竪岩ヶ迫にある。明治初期の例祭日は旧暦 10 月下旬の丑の日であった。有田地区で大火があったことから、明治 19 年に火伏せ地蔵として信仰をあつめる北郷村（現美郷町）の宇納間地蔵尊を分祀、大火があった 12 月に火祈祷神楽が奉納されるようになった。写真は有田公民館での神楽の奉納。〈有田・平成４年・提供＝吉田教雄氏〉

吉村八幡神社の夏越祭　文明６年（1474）の創建で、旧暦７月は御神幸行列で地域が賑わい、また旧暦８月15日にはかつて流鏑馬などが参道で行われていた。現在は十五夜祭りが行われている。〈吉村町・昭和50年代・提供＝岩切利幸氏〉

青島神社の夏祭り　青島神社の例祭である海を渡る祭礼は、青島中の集落を練り歩き、所々で踊りを奉納する。旧暦６月17、18日に行われていたが、近年は７月最終土・日曜日となった。写真は踊り子で、練り歩きの道中の各休憩所で踊りを披露した。〈青島・昭和47年・提供＝髙木レイ子氏〉

だんじり喧嘩　愛宕神社の夏祭りは、旧暦6月23・24日の2日間にわたって行われた。だんじり喧嘩は、青団、赤団に分かれた若者たちが約1トンのだんじり（太鼓台）をぶつけ合う勇壮な行事。初日は町内を練り歩く模擬戦、翌日夕刻に本戦となる。現在は7月24日に近い土・日曜日に行われている。〈佐土原町上田島・昭和49年・提供＝青山功氏〉

みやざき納涼花火大会　昭和24年に第1回が行われ、以来夏の風物詩となった。大淀川北岸から西を見ており、5代目橘橋の向こうに見事な花火が打ち上がっている。橘公園には、赤と青のロンブルテントが張られ、観光ホテルの宿泊客などの見物客が集まっている。〈淀川・昭和43年・提供＝鳥丸洋氏〉

日の出幼稚園の運動会　同園は昭和38年設立。運動会で、紅白でペアになってダンスを踊っているようだ。同55年における市内の0～4歳児は約2万2,000人であった（令和5年は約1万5,000人）。どの幼稚園でも多くの園児で園庭が狭く感じられたことだろう。〈恒久・昭和50年代・提供＝古場邦子氏〉

恒久小学校の運動会　小学校の運動会は、保護者などの大人たちも参加する地域の一大イベントで、さまざまな競技が考案された。競技は一升瓶水入れ競走で、バケツの水を湯呑で運び、一升瓶を早く満水にしたチームが勝ち。焦って走れば水がこぼれ、ゆっくり歩けば時間がかかる。地域の繋がりもまだ強い時代で、大いに盛り上がった。〈恒久・昭和50年代・提供＝忠平悦子氏〉

宮﨑神宮藤まつりの賑い　境内のオオシラフジは白く大きな花を付け、同種では国内最大の樹木として昭和26年に国の天然記念物に指定された。その周囲には棚を覆いつくす紫のフジも植えられ、花を付ける4月には毎年、商工会議所主催の「藤まつり」が催されていた。〈神宮・昭和49年・提供＝井内節子氏〉

平和台のフラワーショー　宮崎の春を告げるフラワーフェスタは、当初フラワーショーの名称だった。この祭典は、「美しい郷土づくり県民運動」の一環として、県公園協会が中心となり昭和 43 年に始まった。会場のレストハウスへと向かう石段には、古タイヤを利用したフラワーポットが置かれ、来場者の目を楽しませた。一時は約 20 万人の人出で賑わったが、駐車場の狭さや周辺住民の苦情もあって、昭和 56 年に県総合運動公園へ移転、さらにこどものくにへ移転し、平成 23 年に終了した。〈下北方町・昭和 44 年・提供＝横山伴子氏〉

フェニックス自然動物園のフラミンゴショー　フェニックス自然動物園は、日本で初めて野生の草食動物を放し飼いにした動物園として昭和 46 年に開園した。開園と同時にスタートしたフラミンゴショーは特に大人気だった。平成 24 年には、国内唯一フラミンゴの飛行が見られる、大迫力の「フライング・フラミンゴショー」としてリニューアルされた。〈塩路・昭和 50 年・個人蔵〉

こどものくにのラクダ　昭和14年に開園した同園は、観光宮崎を代表する県内最大の遊園地。同38年にはフタコブラクダが登場。園内にラクダ舎もあり、試乗体験は子どもたちにとって人気のアトラクションだった。〈加江田・昭和50年・提供＝佐藤智子氏〉

こどものくにでも人気者　「快獣ブースカ」は昭和41年から翌年までテレビで放映された架空の怪獣ドラマ。やさしくユーモラスな顔と心優しい性格は、全国どこに行っても子どもたちの人気者だった。〈加江田・昭和40年後半・提供＝明利和代氏〉

橘百貨店の屋上遊園地　子ども列車に乗り込むところだろうか、姉弟が遊んでいる。西に向かって撮影しており、はやぶさ号と書かれた飛行機が回転する遊具と、その右奥には「HITACHI」の看板が写る。〈橘通西・昭和42年頃・提供＝伊藤右美氏〉

東雲通りの商店街①　写真手前が南方向。当時は南北に延びる東雲通りにも商店街が形成されていた。舗装されていない道路で親子が記念写真。背後には神田時計店、関西理容所、田中家具店が建ち並んでいる。左側にあるのは木とコンクリート製のゴミ箱。昭和40年代からポリバケツのゴミ箱に代替されていった。〈橘通東・昭和39年・提供＝伊藤右美氏〉

東雲通りの商店街②　ダットサントラック520型の前で記念写真。女の子の隣の女性は、近所に住んでいてよく面倒をみてくれたという。写真手前が南方向で、右は西中紙店、隣は中村電気。左奥は田中家具店、その隣が井上会計。道路の舗装が完了している。〈高千穂通・昭和43年・提供＝伊藤右美氏〉

ロマン座　当時としては珍しい洋画を扱う映画館だった。昭和26年、現在の山形屋の場所に開館、同30年頃に山形屋建設のため黒迫通り（現在のサンサン通り）沿いに移転した。当時、通りには映画センター、宮崎松竹、宮崎日活もあった。40年頃に閉館した。〈中央通・昭和37年頃・提供＝川野知佳子氏〉

青空市場　終戦直後、闇市として発展した青空市場、中央市場、ライオン市場は現青空ショッピングセンターなどに集約されたが、三角地帯には露天商が後を絶たなかった。昭和 32 年に正式に認められた後は市民の台所として、野菜類、果物、切り花、シジミなどが取り扱われていた。同 37 年に 44 あった露天商は、50 年には 19 と激減、平成 16 年にバージニアビーチ広場として整備された。〈上野町・平成 12 年・提供＝山田章雄氏〉

大成銀天街《たいせいぎんてんがい》　宮崎市初のアーケード設置は昭和 29 年、橘通西 2 丁目の大成銀天街だった。写真は、銀天街西端から市役所方面を望んでいる。フクエー大丸もあり、天候に左右されず買い物が楽しめるアーケードは多くの人びとに喜ばれたが、老朽化により平成 21 年に撤去された。〈上野町・平成 12 年・提供＝山田章雄氏〉

イズミヤにあったオブジェ　昭和 47 年 10 月に開業、令和 2 年 2 月に閉店した「レマンショッピングセンター イズミヤ宮崎店」。屋外には写真のようなオブジェや噴水があり、往時には併設してホテルやボウリング場もあった。大淀川南側の買い物場所の一つだった。〈京塚・昭和 48 年・提供＝明利和代氏〉

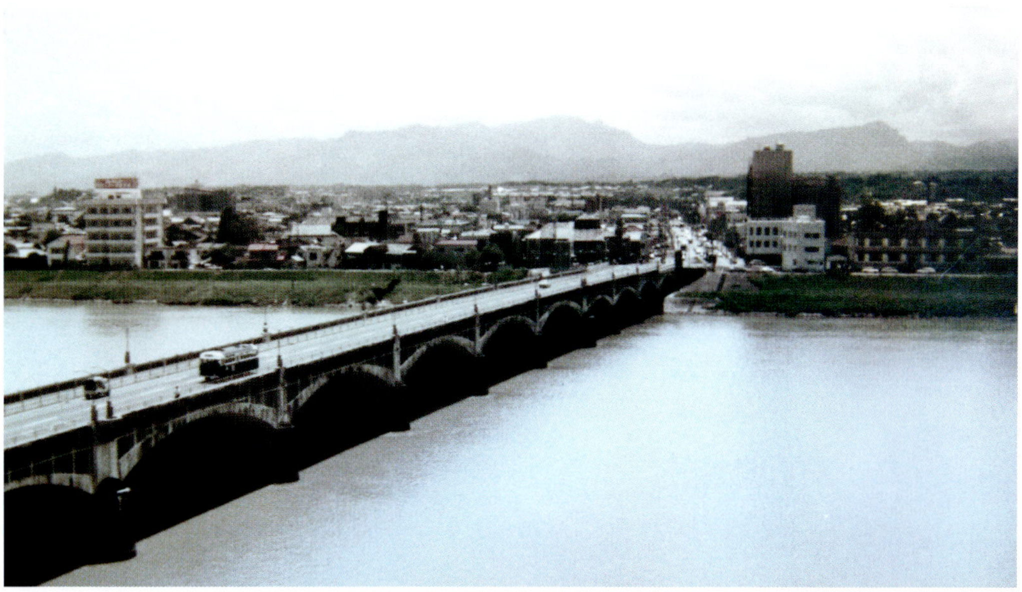

市役所屋上から見る橘橋　市役所屋上から南東方向を望んでいて、昭和７年から愛されてきた橘橋の新橋改修工事が始まったばかりの頃。重厚な橘橋の完成当時は、「宮崎に過ぎたるものが三つある。橘橋に県庁に、宮崎競馬の競馬場」という言葉が流行したほどだった。現在の橘橋完成は写真から７年後の昭和54年である。〈橘通西・昭和47年・提供＝川瀬香一朗氏〉

宮崎自動車道完成　田野町内を南から北に一望する。宮崎自動車道は昭和51年から整備が始まり、同56年に全線開通した。写真右手中央が田野インターチェンジ。高速道路南側に見えるのが同56年に造成開始した築地原工業団地で、現在はミツトヨ宮崎工場などが建つ。〈田野町甲・昭和59年頃・提供＝尾割利秋氏〉

田野病院の裏手の畑　現在の宮崎市立田野病院の周辺は畑だった。この頃の田野町では、葉タバコ生産が盛んだった。写真の畑も大部分は葉タバコだろう。平成20年度まで宮崎市は全国１位の作付面積があった。現在、同病院周辺は住宅や会社が軒を連ねている。〈田野町南原付近・昭和60年頃・提供＝尾割利秋氏〉

田野町を走る蒸気機関車
煙を吐き出しながら鉄橋を渡る蒸気機関車。昭和50年3月23日にC55・C57蒸気機関車が最後の運行となり、記念列車として重連運転（動力車2台が連なる運転）されている。〈田野町内・昭和50年・提供＝南里晋亮氏〉

国鉄妻線西佐土原駅ホームに入る電車　同駅は大正3年開業、当初は佐土原駅の名だったが、昭和40年に西佐土原駅と改称した。妻線が同59年11月30日に廃止されることになり、その5日前に撮影された。〈佐土原町下田島・昭和59年・提供＝青山功氏〉

青島駅に停車中の車両　停車しているのはチハ101号、蓄電池車であった。同駅は大正2年開業。昭和18年に宮崎鉄道が、宮崎バス、都城自動車と3社合併して宮崎交通となり、写真の頃は宮崎交通線として運営されていたが、同37年に全線廃止。しかし路線の大半が翌38年から国鉄日南線として転用された。〈青島・昭和30年・撮影＝奥野利夫氏〉

全国植樹祭の御召列車　全国植樹祭は昭和25年から開催。戦後の荒廃した国土を緑化する目的で、全国各地で天皇皇后によるお手植えなどが行われた。第24回は小林市の霧島山麓の夷守台が会場となった。昭和天皇皇后は4月6日に宮崎空港に到着し、宮崎県内に6泊7日滞在された。宮崎市内では宮崎観光ホテルに宿泊され、宮崎神宮、護国神社、県総合博物館、福祉施設、フェニックス自然動物園、青島などに足を運ばれた。写真は、宮崎駅を出発する御召列車である。〈錦町・昭和48年・撮影＝黒江俊輔氏〉

宮崎交通本社前で　南宮崎駅西側にあった宮崎交通本社を、南から撮影した。後方には宮崎交通のバスが停車している。道路の中央分離帯にフェニックスの植栽があり、南国宮崎の雰囲気を出している。本社は平成26年に移転し、社屋は解体されて、今はない。〈大淀・昭和42年・提供＝髙橋敏夫氏〉

宮崎駅舎　現在の駅舎に改築される前の旧宮崎駅舎。当時、駅の改札口は西側にしかなかった。駅舎の前にフェニックスが植栽され、観光客を迎えている姿は現在と変わらない。また西側には一般駐車場があり、混雑しているようすがうかがえる。〈錦町・昭和50年・提供＝溝口登志裕氏〉

宮崎駅で新婚旅行のお見送り　着物や洋服で盛装した友人と親類たちが、新婚旅行に出発する二人を見送る際のひとコマ。新しい門出を祝う人びとの笑顔が印象に残る。「鉄道弘済会 宮崎3号店」と書かれているのは駅の売店である。鉄道弘済会売店は、昭和48年からKiosk（キヨスク）の愛称が付けられている。〈錦町・昭和47年頃・提供＝忠平悦子氏〉

宮崎空港から旅行にお出かけ　宮崎空港にて、友人と旅行に出発する際に撮影。宮崎空港ターミナルビルは昭和 38 年に完成、同 41 年にはジェット機が就航し、県外からの観光客が増え始めた。この頃は正面玄関すぐ前に駐車場があった。また左奥には宮崎交通のバスが横付けされている。平成 2 年に新ターミナルビルに建て替えられた。〈赤江・昭和 43 年頃・提供＝古場邦子氏〉

祝一ツ葉線青葉陸橋開通　東西に走る市道一ツ葉線は青葉町踏切で遮断されており、交通量の増加に伴い立体交差化が課題となった。昭和 40 年に線路をまたぐ陸橋工事が始まり、同 45 年 4 月に完成式が行われた。写真左奥にはさとう米酒店が写る。現在、陸橋は撤去されている。〈宮崎駅東・昭和 45 年・提供＝加治屋自動車〉

台風銀座　宮崎市は毎年のように風水害に晒《さら》され、「台風銀座」と呼ばれてきた。本市を含め県内で多数の死者を出した昭和 20 年の枕崎台風や、3,500 棟以上の床上・床下浸水となった平成 2 年の台風 20 号のほか、昭和 58 年 9 月の台風 10 号では床上・床下浸水 2,000 棟超と記録的な被害をもたらした。〈花ケ島町・昭和 58 年・個人蔵〉

宮崎国体開会式　第 34 回国民体育大会は宮崎を舞台としてテーマに「日本のふるさと宮崎国体」、スローガンに「伸びる心、伸びる力、伸びる郷土」が選定され、総合運動公園陸上競技場をメイン会場に熱戦が繰り広げられた。宮崎県は男女総合優勝を果たし、天皇杯を授与された。〈熊野・昭和 54 年・提供＝青山功氏〉

フェニックスリゾートの第一回入社式　大型屋内プール・オーシャンドームで新入社員が水着になって遊ぶという入社式であった。大型リゾート施設・シーガイアは平成 5 年にオーシャンドームやゴルフ場などが、翌年には施設全体がオープンした。しかし一度も黒字化することはなく、同社は平成 13 年に会社更生法を申請。29 年にオーシャンドームは更地となったが、令和 5 年にアミノバイタルトレーニングセンター宮崎がオープンした。〈山崎町・平成 5 年・提供＝萩原健太氏〉

「県道日南高岡線全線開通・田野蒼雲橋竣功」
平成 5 年に田野蒼雲橋が竣工、V 脚構造を有する橋としては当時の日本最大級であり橋長は 380 メートルであった。これにより主要県道日南高岡線の道路改良区間のすべての工事が完成した。渡り初めの先頭者として選ばれた夫婦三世代の田野町民が、開通式典前に記念撮影をした。〈田野町甲・平成 5 年・提供＝増田ツヤ子氏〉

高架開通式典を迎えた宮崎駅舎　宮崎駅は南北の踏切の渋滞と青葉陸橋の老朽化などが問題となり、駅舎新築と線路の高架事業が進められた。上の写真は、高架開通と駅舎のグランドオープンを迎えた10月1日の式典のようすで、テープカットの中央には当時の松形《まつかた》祐堯《すけたか》宮崎県知事が写る。新しい宮崎駅は、J・フェルナンド・テルヤの設計により、宮崎を象徴する太陽と空をイメージしてデザインされ、高架事業に合わせ、右の写真のように建て替えられた。〈錦町・平成５年・提供＝萩原健太氏〉

ふるさと特産品センター高岡ビタミン館　同館の名前は、高岡出身の医師・高木兼寛が脚気の原因がビタミンＢの欠乏にあると解明したことに由来する。農産物など特産品販売所として、また道の駅として平成６年３月に開館した。〈高岡町花見・平成６年・提供＝天ケ城歴史民俗資料館〉

家族写真アーカイブのすすめ

渡辺一弘（宮崎市史編さん専門委員）

令和六年は宮崎市制一〇〇年という節目である。大正十三年年に宮崎町、大淀町、大宮村が合併し、宮崎市が発足。平成十八年に田野町、佐土原町、高岡町を編入、平成二十二年に 清武町を編入した。これまでも宮崎市の写真集が刊行されたが、今回は新制宮崎市域を網羅しているという点で貴重な構成となっている。

さらに家族アルバムを中心に収集したのもこれまでの宮崎市の写真集にはなかった手法である。行政記録、観光用写真やプロカメラマンの作品などと違い、何気ないひとコマひとコマに思いがけない当時の日常、当たり前の風景がそこにはある。図らずも写り込んだ建物や風景、人物などには多くの情報が残され、貴重な歴史資料となっている。

写真募集の呼びかけに、多くの声が寄せられ、写真を趣味にしていた方のお宅には数十冊のアルバムが遺されていた一方、タッチの差で廃棄されてしまったという例もあった。家族アルバムからの収集を中心に、多くの方々からの情報提供の結果、約八〇〇〇枚の写真が集まった。

本書の写真は、意図的にテーマのもとに収集したのではなく、集まった膨大な写真群のなかから宮崎市ならではのテーマを洗い出し、章立てやコラムを設定していった。

写真アーカイブの難しさはここからである。アルバムに詳細の情報が記入されている場合もあれば、まったくメモのない写真もある。さらに所蔵者からの聞き取りをもとにその写真の背景を探る。若手の執筆陣には記憶のない写真がほとんどであった。さまざまな文献も頼りであったが、国会図書館デジタルコレクションや宮崎日日新聞社の過去の新聞アーカイブなどが近年充実しており、誰でも利用できる気軽さが助けとなった。また、なんといっても『宮崎 街知本《まっちぼん》』の編集者・山田章雄氏の情報量と人脈なしには成立し得なかった。

この写真集を通して、膨大な写真から抜粋した約六〇〇点を御覧いただくが、おそらく、こんな写真ならうちにもあると、自宅の押し入れに仕舞っていたアルバムを引っ張り出してもらえると嬉しい限りである。それらのアルバムや写真は庶民の歴史・民俗の資料であることを再認識していただき、ぜひ各自で「家族写真アーカイブ」を始めていただきたい。市政一〇〇年を記念した宮崎市史編さんの一五年計画が示され、さらに「宮崎市フォトアーカイブ」では写真を募集している。個人によるＳＮＳなどによる発信なども期待している。

末尾ながら短期間の写真収集、編集作業、調査、執筆等に関わった樹林舎ならびに関係者の方々に感謝いたします。

目次

18 ページ写真
右：高木兼寛先生之像〈船塚・平成２年・提供＝天ケ城歴史民俗資料館〉
中：皇太子御誕生奉祝「可愛い皇子さま」〈橘通東・昭和９年・提供＝那須啓人氏〉
左：鰐塚山へ登山〈田野町甲・昭和 39 年・提供＝松浦夏菜氏〉
19 ページ写真
右：芝居小屋の仲間と〈佐土原町東上那珂・昭和 20 年頃・提供＝五代雅浩氏〉
中：材木店の貯木場〈清武町今泉・昭和 50 年・提供＝髙木レイ子氏〉
左：県営グラウンドでキャッチボール〈錦本町・昭和 40 年代・提供＝本田書店〉

宮崎市の地理・交通

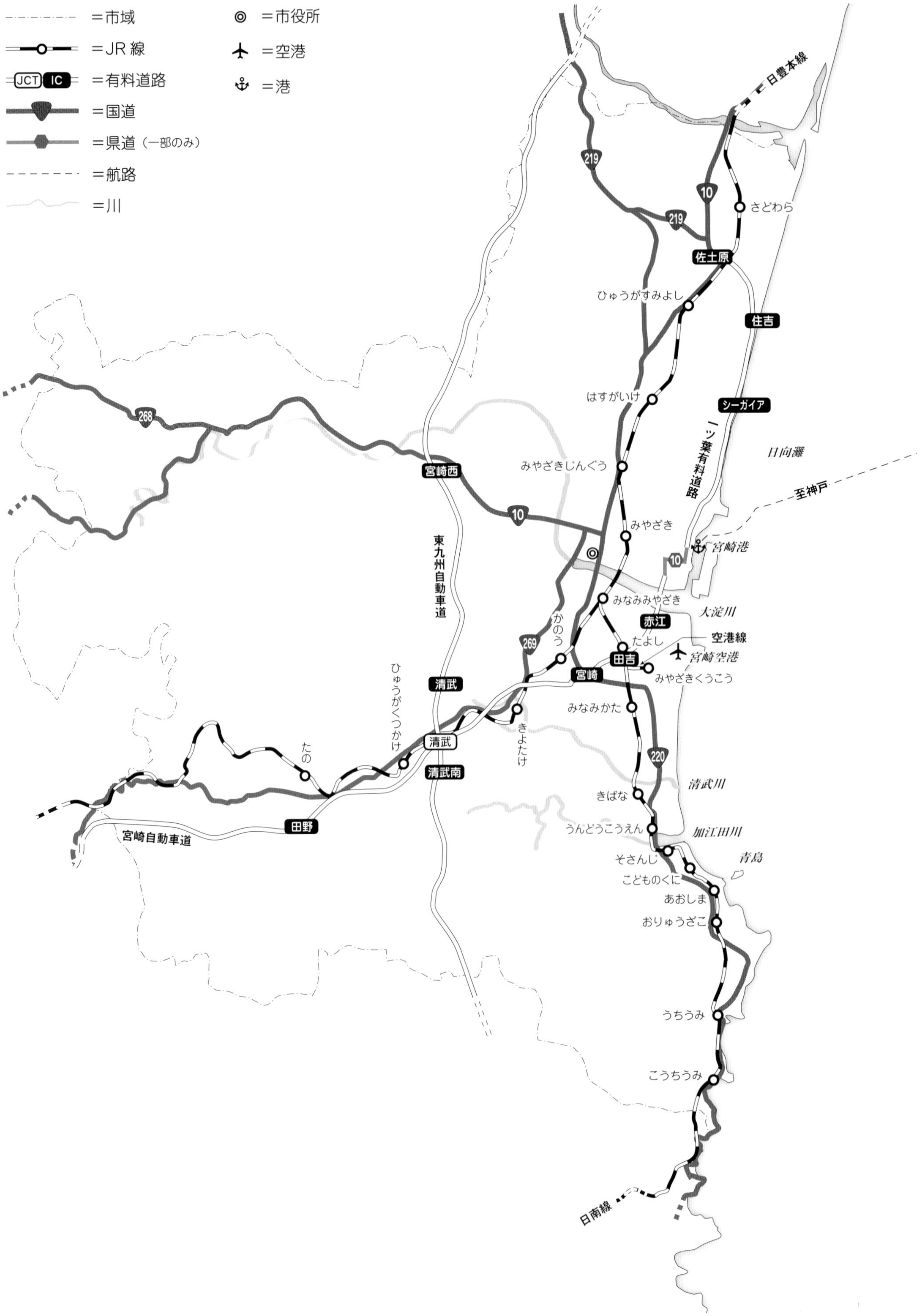

=市域
=JR線
JCT
IC
=有料道路
=国道
=県道（一部のみ）
=航路
=川
=市役所
=空港
=港
日豊本線
219
10
さどわら
219
佐土原
ひゅうがすみよし
住吉
はすがいけ
シーガイア
一ツ葉有料道路
日向灘
268
みやざきじんぐう
宮崎西
10
至神戸
みやざき
宮崎港
10
東九州自動車道
みなみみやざき
大淀川
赤江
かのう
269
空港線
たよし
田吉
宮崎空港
宮崎
みやざきくうこう
清武
みなみかた
ひゅうがくつかけ
きよたけ
清武
たの
220
清武南
清武川
きばな
うんどうこうえん
加江田川
田野
宮崎自動車道
そさんじ
青島
こどものくに
あおしま
おりゅうざこ
うちうみ
こうちうみ
日南線

市域の移り変わり

■大正 13 年4 月時点の市町図

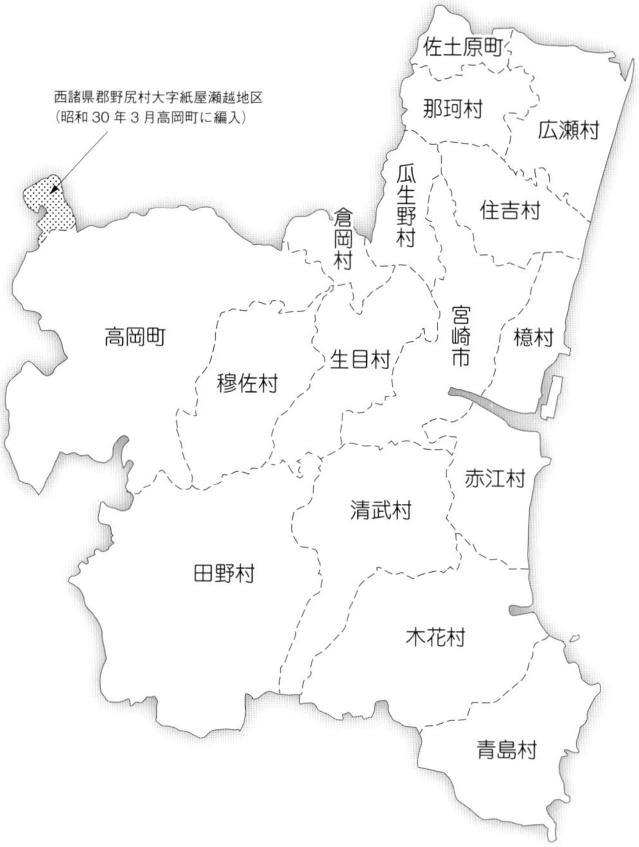

市域の移り変わり

■平成 17 年3 月時点の市町図

年代	宮崎市のできごと	周辺地域、全国のできごと
昭和 29 年（1954）	市制 30 周年記念行事／ラジオ宮崎が開局／南国宮崎産業観光大博覧会開催／宮崎空港開設	保安隊を自衛隊に改組／第五福竜丸事件／神武景気の始まり
昭和 30 年（1955）	高岡町が野尻町の瀬越地区を編入／佐土原町、那珂村が合併、佐土原町が発足／高岡町、穆佐村が合併、高岡町が発足／日南海岸が国定公園に指定	
昭和 31 年（1956）	宮崎空港ターミナル落成／橘百貨店にエスカレータ設置／宮崎山形屋が橘通東に新築移転／円形電光ニュースが旭通の山形屋卸部屋上に点灯	日本が国際連合に加盟／経済白書に「もはや戦後ではない」と記載
昭和 32 年（1957）	宮崎大橋完工／宮崎港の起工式／住吉村を編入	
昭和 33 年（1958）	佐土原町、広瀬町が合併、佐土原町が発足／昭和天皇皇后が来宮	一万円札発行／東京タワー完成／岩戸景気の始まり
昭和 34 年（1959）	読売巨人軍が宮崎県営野球場でキャンプ開始／『宮崎市史』発刊／宮崎女子高校の円形校舎が落成	皇太子（現上皇）御成婚
昭和 35 年（1960）	島津久永・貴子夫妻が新婚旅行で来宮／ NHK 宮崎放送局、ラジオ宮崎がテレビ放送を開始	新安保条約調印
昭和 36 年（1961）	ラジオ宮崎が宮崎放送と改称／県立図書館の落成式	農業基本法施行
昭和 37 年（1962）	皇太子明仁親王と皇太子妃が来宮／平和台にはにわ園開園／宮崎鉄道を国鉄が買収／県庁新館落成	新産業都市建設促進法制定／オリンピック景気の始まり
昭和 38 年（1963）	生目村を編入／国鉄日南線が全通／新市庁舎の開庁式	
昭和 39 年（1964）	平和台で東京オリンピック聖火リレー（第 2 コース）の起点出発式／宮崎郵便局新庁舎落成	東海道新幹線開業／東京オリンピック開催
昭和 40 年（1965）	平和の塔に「八紘一宇」の文字復元／市制施行 40 周年記念式典／デパート前のロータリー撤去	いざなぎ景気の始まり／アメリカがベトナム戦争に介入
昭和 42 年（1967）	県立青島亜熱帯植物園開園／新婚専用列車ことぶき号乗入れ開始	公害対策基本法公布
昭和 43 年（1968）	第 1 回みやざきフラワーショーが平和台公園で開催	三億円事件
昭和 44 年（1969）	橘通西側に新住居表示実施／宮崎港が商港として開港	日本の GNP 世界第 2 位
昭和 45 年（1970）	テレビ宮崎が開局	日本万国博覧会（大阪万博）開催
昭和 46 年（1971）	県総合博物館が開館／大淀大橋開通／フェニックス自然動物園開園／神武さまの御神幸が土曜日曜の 2 日間となる／宮崎山形屋の増築工事完工	ドルショック
昭和 47 年（1972）	橘橋の架け替え工事開始	札幌冬季オリンピック開催／沖縄本土復帰／日本列島改造論
昭和 48 年（1973）	橘通 1 丁目～ 3 丁目のアーケード全面改装完工／ 1 番街アーケード落成式／寿屋百貨店が新築移転して開店／宮交シティ開店	第 1 次オイルショック
昭和 49 年（1974）	市制 50 周年記念式典／日豊本線電化開通（南宮崎 - 幸崎間）／県総合運動公園内に市営野球場完成	
昭和 50 年（1975）	旧橘橋の取壊し作業開始／橘百貨店が倒産	
昭和 51 年（1976）	南宮崎駅が新築落成	山陽新幹線全線開通
昭和 54 年（1979）	第 34 回日本のふるさと宮崎国体開催／日豊本線電化開通（南宮崎 - 鹿児島間）／第 15 回全国身体障害者スポーツ大会開催	第 2 次オイルショック／東京サミット開催
昭和 56 年（1981）	宮崎自動車道が全通	
昭和 59 年（1984）	市制 60 周年／第 1 回宮崎ふるさとまつり開催／ MRT micc 開店／国鉄妻線廃止	新紙幣 3 種発行
昭和 62 年（1987）	宮崎科学技術館開館	国鉄分割民営化／バブル景気の始まり
昭和 63 年（1988）	ボンベルタ橘開店	青函トンネル・瀬戸大橋開通／リクルート事件
昭和 64 年／平成元年（1989）	佐土原町が西都市の一部を編入	昭和天皇崩御、平成と改元／消費税導入／ベルリンの壁崩壊
平成 2 年（1990）	宮崎港～大阪南港間にフェリー就航	湾岸戦争勃発
平成 4 年（1992）	こどものくにがリニューアルオープン／みやざき歴史文化館開館／全国高校総合体育大会開催／清武町の一部を編入	
平成 5 年（1993）	宮崎公立大学創立／シーガイアが営業開始／ JR 宮崎駅新駅舎完成／フレスタ宮崎開業	
平成 6 年（1994）	シーガイア全面開業	
平成 8 年（1996）	JR 宮崎空港線が開業／宮崎市民文化ホール開館	
平成 10 年（1998）	宮崎北バイパス全線開通／中核都市に指定される／宮崎県総合博物館リニューアルオープン	長野冬季オリンピック開催
平成 12 年（2000）	宮崎西バイパス全線開通	
平成 13 年（2001）	宮崎県総合運動公園硬式野球場（サンマリンスタジアム宮崎）開場	米同時多発テロ
平成 17 年（2005）	佐土原町が児湯郡新富町大字下富田の二ツ立地区を編入／国道 220 号青島バイパス全線開通	
平成 18 年（2006）	佐土原町、田野町、高岡町を編入／国道 269 号天満バイパス開通	
平成 22 年（2010）	清武町を編入	宮崎県内で口蹄疫が発生
平成 28 年（2016）	東九州自動車道 北九州市～宮崎市間が全線開通	熊本地震
平成 31 年／令和元年（2019）		皇太子徳仁親王が即位、令和と改元 新型コロナウィルス感染症の世界的流行が始まる
令和 3 年（2021）	新小戸之橋開通 / 東京 2020 オリンピック聖火リレー	東京 2020 オリンピック・パラリンピック開催
令和 5 年（2023）	東九州自動車道、清武南 IC から日南北郷 IC 間が開通／G 7 農業大臣会合開催	
令和 6 年（2024）	宮崎市市制 100 周年	

宮崎市の100年・略年表

年代	宮崎市のできごと	周辺地域、全国のできごと
明治22年(1889)	宮崎郡宮崎町、大淀村、大宮村、生目村、瓜生野村、田野村、北清武村、南清武村／北那珂郡赤江村、檍村、木花村、青島村、住吉村、佐土原村、広瀬村、那珂村／東諸県郡倉岡村、高岡村、穆佐村が発足	大日本帝国憲法発布
明治23年(1890)	江平町に製糸工場設置	第1回衆議院議員総選挙実施／第1回帝国議会開会／府県制・郡制公布／教育に関する勅語（教育勅語）宣布
明治24年(1891)	北清武村、南清武村が合併し清武村が成立	
明治27年(1894)	宮崎測候所が天気予報開始	日清戦争開戦
明治28年(1895)	組合立宮崎高等女学校の設立認可	三国干渉
明治29年(1896)	宮崎高等女学校が開校／佐土原村が佐土原町となる	
明治33年(1900)	宮崎県農学校創立	北清事変に出兵
明治34年(1901)	宮崎県中学校を宮崎県立中学校と改称	愛国婦人会創立
明治35年(1902)	宮崎県立図書館創立	
明治37年(1904)	宮崎郡立職業学校の設立認可	日露戦争開戦
明治39年(1906)	日向鉄道期成同盟会設立	鉄道国有法公布
明治40年(1907)	皇太子嘉仁親王（大正天皇）が宮崎神宮へ親拝	
明治43年(1910)	宮崎神宮で観藤会	大逆事件／日韓併合
明治45年／大正元年（1912）	明治天皇が宮崎神宮に太刀を下賜	明治天皇崩御、大正と改元
大正2年（1913）	宮崎軽便鉄道が営業開始／宮崎駅が開業	
大正3年（1914）	県営軽便鉄道の妻線が全線営業開始	第一次世界大戦勃発 ／大正の御大典祝賀行事
大正4年（1915）	飛行機や青島戦利品を住吉神社付近に展示／県立図書館の新館建設	対華21ヶ条要求
大正6年（1917）	大淀村が大淀町となる	
大正8年（1919）	町立宮崎商業学校の設立認可	ベルサイユ講和条約に調印
大正9年（1920）	皇太子裕仁親王（昭和天皇）が宮崎神宮へ親拝／高岡村が高岡町となる	第1回国勢調査実施／国際連盟発足
大正11年(1922)	県立図書館と宮崎鉄道が青島に臨海文庫を設置	ワシントン軍縮条約調印
大正12年(1923)	日豊本線が全通	関東大震災
大正13年(1924)	宮崎町、大淀町、大宮村が合併し、宮崎市が発足／宮崎高等農林学校創立	裕仁親王と久邇宮良子女王御成婚
大正15年／昭和元年（1926）	赤江村が赤江町となる／岩切章太郎が宮崎市街自動車を設立／宮崎農工銀行新築完成	大正天皇崩御、昭和と改元／郡役所廃止
昭和2年（1927）	飛行家・後藤勇吉が一つ葉浜に着水／暴風雨で高松橋、橘橋、赤江橋が流失	昭和金融恐慌
昭和3年（1928）	女子師範学校移転反対騒擾事件	昭和御大典祝賀行事／普通選挙法による最初の衆議院議員選挙実施／治安維持法改正
昭和4年（1929）	宮崎市街自動車が宮崎バスと改称	世界恐慌
昭和5年（1930）	橘橋（永久橋）の起工式	ロンドン海軍軍縮会議
昭和6年（1931）	県庁舎新築地鎮祭／宮崎バスが遊覧バスを開始	満州事変
昭和7年（1932）	檍村を編入／橘橋の落成式／日向興業銀行本店が開業／県庁舎の落成式	五・一五事件／大日本国防婦人会発足
昭和8年（1933）	祖国日向産業博覧会開幕／赤江橋の渡り初め／松岡洋右が来宮	日本が国際連盟を脱退
昭和9年（1934）	宮崎～小林間の省営バス運行開始／神武天皇御東遷二千六百年奉告祭が宮崎神宮で行われる／県公会堂で松岡洋右講演会開催	
昭和10年(1935)	昭和天皇が陸軍特別大演習を親閲後来宮	
昭和11年(1936)	山形屋宮崎支店開店／県総合運動場が完成	二・二六事件
昭和12年(1937)	NHK 宮崎放送局が開局／祖国振興隊第一回結成式	日中戦争開戦／防空法施行
昭和13年(1938)	市役所祖国振興隊結成／高橋橋災害復旧工事完工／ヒトラー・ユーゲント来宮	国家総動員法制定
昭和14年(1939)	青島海岸に「子供の国」開園／八紘之基柱起工式	米穀配給統制法、国民徴用令公布
昭和15年(1940)	紀元二千六百年奉祝記念行事で宮崎神宮東神苑整備、参道拡張工事完成／日向建国博覧会開催／八紘之基柱完工／県内日刊紙を統合して日向日日新聞創刊／ヒトラー・ユーゲント来宮	紀元二千六百年記念祝賀行事／大政翼賛会発足
昭和16年(1941)	県公会堂で大政翼賛会宮崎支部発会式	国民学校令施行／金属類回収令公布／太平洋戦争開戦
昭和17年(1942)	大淀駅が南宮崎駅と改称／大日本国防婦人会宮崎市支部の結成式	ミッドウェー海戦／食糧管理法制定／大日本婦人会発足
昭和18年(1943)	宮崎鉄道、宮崎バスが宮崎交通に改組／赤江町を編入	学徒出陣開始／金属類回収令全面改正
昭和19年(1944)	市に初の空襲警報が発令／宮崎防空監視哨舎落成式	学童疎開開始／学徒勤労令、女子挺身勤労令公布
昭和20年(1945)	宮崎交通が延岡バス、日の丸バスを吸収合併／宮崎空襲（8月までに19回）／枕崎台風	金属類回収令改正／空襲激化／広島、長崎に原爆投下／太平洋戦争終結／治安維持法廃止
昭和21年(1946)	八紘之基柱の「八紘一宇」の文字と武人像を撤去／山形屋が旭通に復帰開店／宮崎神宮御神幸が復活	
昭和22年(1947)	戦後初の宮崎市長選挙／宮崎市観光協会設立	新学制実施／日本国憲法施行／地方自治法施行／農地改革実施
昭和23年(1948)	県立宮崎大宮高校、県立宮崎大淀高校が開校／たちばな公園が開園	
昭和24年(1949)	新市庁舎が落成／国立宮崎大学創立／昭和天皇が九州巡幸で来宮	
昭和25年(1950)	宮崎駅の新駅舎落成式／田野村が田野町、清武村が清武町となる／サボテン園開園／キジア台風で高松橋流失	朝鮮戦争勃発／警察予備隊設置
昭和26年(1951)	瓜生野村、倉岡村、木花村、青島村を編入／広瀬村が広瀬町となる	
昭和27年(1952)	大淀川に市民水泳場設置／高松橋落成式／橘百貨店が開店	警察予備隊を保安隊に改組

山積みとなった猟の成果　獲物のカモとキジを囲む人物の右から３人目は宮崎信用金庫の創設者・遠山克太郎。右端は初代橘橋を架けた医師・福島邦成。猟犬は直輸入したポインターで、当時、日本に数頭しかいなかったという。〈橘通東・明治後半から大正期・提供＝遠山銃砲店〉

凡例

一、本書は、明治～平成時代にかけて、現在の宮崎市域で撮影された写真を、テーマごとに分類して収録したものである。

二、写真の説明文は、提供者、撮影者からの聞き取り情報や自治体史などの資料をもとに、執筆者、取材・編集担当者により書かれている。また原則として、末尾〈　〉内に撮影地の現在の地名（町名まで）、撮影年、提供者名を表記した。例外として、航空写真や俯瞰撮影など撮影地点が広範囲にわたるものや、正確な撮影地が不明なものは、行政区名や「市内」「○○付近」などの表記のみにとどめた場合がある。

三、解説文中の名称や地名は、写真が撮影された当時に一般的だった呼称を使用した。現在使用されていない名称や地名には、適宜（　）内に令和六年八月現在の呼称を表記した。

四、用字用語は、原則として一般的な表記に統一したが、執筆者の見解によるものもある。

五、文中の人名は原則として敬称を略した。

昭和初期のみやざき

戦前の橘通り　現在の県庁前交差点から南を見ている。当時の地名は橘通１丁目で、西側には神田本店、明視堂、西孫八商店などが並び、東側には髙島屋、重木商店、井伊呉服店などが並んだ。〈橘通西、橘通東・昭和７年頃・提供＝小川悦子氏〉

大正十二年十二月、待望の日豊《にっぽう》線が開通した。全国の鉄道網と結ばれ、産業の振興が県の経済的発展を支えた。同年には、延岡生まれの飛行家・後藤勇吉が郷土訪問飛行を行い、多くの人びとの注目を集め、新しい時代の風が吹き込んでいた。しかし昭和初期の金融恐慌の波は宮崎県内に押し寄せ、農産物価格の下落など深刻な打撃を与えた。そのようななか、同十三年四月一日に市制を施行した宮崎市は、県の中心都市として特色ある街づくりを進めた。

昭和二年八月の台風で流失した橘橋《たちばなばし》は同七年に鉄筋コンクリート化された。橘通は、橋の幅に合わせて拡張され、同年十月にはゴシック様式の新県庁舎が竣工した。そして、置県五〇年と宮崎市制施行一〇周年にあたる翌八年に祖国日向博覧会が開かれるなど、宮崎市の発展に結びつく事業が展開された。

県庁や橘通を中心に街づくりが進み、上別府町には県庁や県公会堂の周囲に、宮崎市役所、宮崎地方裁判所、県教育会、県物産陳列所などが集まった。それらを核として、上《かみ》野《の》町《まち》、橘通や旭通沿いには、銀行などの金融機関や商家が軒を並べた。大淀川沿いの松山町、川原町には泉亭や紫明館といった料亭があり、政・財界の協議の場となるなど存在感を示した。橘橋から南下する道路沿いの中村町などには商家が並び、商業を中心に発展する姿が見られた。

また、大成座や帝国館、有真館、昭和館などの映画館や娯楽施設が作られ、文華堂や宏文館のような書店もあった。人口が増え、映画や演劇など新しい文化を享受していたようすがうかがえる。

昭和十二年にはNHK宮崎放送局が開局。人びとはラジオから聞こえてくる音声や音楽に耳を傾けた。観光面では、宮崎バスの岩切章太郎が大淀川沿いにフェニックスを植栽するなど、「南国宮崎」の雰囲気づくりに努め、宮崎鉄道の利用促進を図る目的で同十四年に「子供の国」を開園、夏には青島《あおしま》を海水浴場として利用した。これらの取組は戦後に活かされ、観光宮崎の礎となっている。

県庁所在地の宮崎市は、市制施行前後から政治・経済都市として存在感を高め、さらに文化や観光の中心地に成長していったのである。

（籾木郁朗）

仮の橘橋を渡る家族　昭和４年３月４日に撮影。昭和２年の洪水により木製の橘橋が流失した。同７年に鉄筋コンクリート製の橘橋が完成するが、それまでの間、東側に木製の仮橋が架かっていた。「くの字」に曲がっていたことがわかる。母親が乳母車を押し、制服と制帽の子どもが手を添えている。中村町から北を見ている。〈太田・昭和４年・提供＝飯尾彪氏〉

大淀川河畔での記念写真　写真奥が南方向。大淀川に家族と知人で訪れて、流された橘橋の木造の仮橋を背景に撮影している。手こぎボートで川遊びを楽しむ人びとも見える。また、橘橋上では自転車に乗る人びとが行き交っている。〈宮崎市・昭和２年頃・提供＝原田解氏〉

工事中の橘橋　宮崎県再置50年を控えて、橘橋は鉄筋コンクリートによる永久橋化が進められた。完成3カ月前の昭和7年1月の工事状況を写している。当時は「橘モダーン橋」と呼ばれていた。写真奥が南方向。〈橘通西・昭和7年・提供＝南里晋亮氏〉

永久橋となった橘橋の渡橋式　写真奥が北方向。昭和5年4月1日に着工し、2年の歳月をかけて鉄筋コンクリート製の橘橋が完成した。全長358.5メートル、幅16.4メートルあり、2.7メートルの歩道が設けられた。渡橋式は同7年4月30日で、神社の神職が先導し、正装した大勢の人びとが行列をなしている。〈太田・昭和7年・提供＝岩切哲氏〉

大淀川に浮かぶボート　大淀川で、宮崎高等農林学校の生徒たちがボートを漕いでいる。漕艇部の練習風景かもしれない。コンクリート橋となった橘橋の橋脚の近くでは、オールではなく棹を水中にさして船を操縦する人の姿が見える。〈橘通西付近・昭和13年・提供＝吉田教雄氏〉

工事中の新宮崎県庁　県庁舎の建て替え工事は宮崎県再置50周年記念事業として行われた。第24代有吉実県知事が在任中の昭和6年6月に着工された。写真は翌年5月の撮影で、足場が組まれており、車寄玄関が見えている。また庭園を造るにあたり、有吉は県下各地へ植物の寄贈を依頼し、フェニックスやビロウやサボテンなど多種多様な植物が集められた。〈橘通東・昭和7年・提供＝南里晋亮氏〉

完成間近の新宮崎県庁　本館建物はほぼ完成し、前庭などの工事が行われている段階。建物のほぼ正面にフェニックスが植栽されている。宮崎県庁本館は、昭和7年10月に竣工。鉄筋コンクリート造3階地下1階建で、県都を代表するゴシック式建築であった。現在、国の登録有形文化財となっている。〈橘通東・昭和7年頃・提供＝南里晋亮氏〉

第 1 回宮崎青島間往復マラソン大会　昭和 6 年 9 月 13 日に宮崎市内で行われた。宮崎県庁前をスタートし、青島で折り返して宮崎県庁前でゴールする参加者。ちょうど新庁舎の建設工事中の頃で、沿道では多くの人びとが応援し拍手で迎えている。〈橘通東・昭和 6 年・提供＝梅﨑辰實氏〉

地震で避難した人びと　昭和 6 年 11 月 2 日 19 時、日向灘が震源の地震が発生した。最大震度は 5（マグニチュード 7.1）。この日は余震が続いたため、県庁南側の県公会堂前に人びとが避難した。布団などを持ち込んで休んでいるが、余震を恐れてか、起きている人も多い。〈橘通東・昭和 6 年・提供＝南里晋亮氏〉

宮崎農工銀行新社屋　大正15年に建設された。2階建ての鉄筋コンクリート造で、ネオ・ルネサンス様式の外観と端正な意匠の銀行建築である。平成29年に曳家工事によって北へ70メートル移動し、令和2年に移転と復元工事が完了した。令和3年に国登録有形文化財となった。〈橘通東・昭和初期・提供＝石川悦子氏〉

宮崎農工銀行内　内部は白を基調とした吹き抜けの大空間が広がり、円柱にはイオニア式の柱頭が飾られている。同銀行は昭和9年に日本勧業銀行、同46年に第一勧業銀行となった。建物は平成14年からは宮崎県文書センターとして使用され、現在は宮崎県庁5号館として使われている。〈橘通東・昭和初期・提供＝石川悦子氏〉

そば屋・更科の店内　店の法被《はっぴ》を身につけた男性と和服の女性が写る。休憩中の従業員たちと思われ、１人は湯呑みを持っている。店舗は市役所噴水付近にあったという。〈橘通西・昭和７年・提供＝南里晋亮氏〉

街の「曲芸師」　そば屋・更科の法被を着た従業員の出前風景。どんぶりやお櫃などを６段に重ねて肩に担ぎ、バランスを取りながら自転車を漕いでいる。まるで曲芸師のような技術だが、かつては全国のそば屋でこうした配達が行われていた。しかし道路交通法改正による片手運転の禁止や出前機の登場などにより、昭和30年代から徐々に姿を消していった。〈橘通西付近・昭和７年・提供＝南里晋亮氏〉

松本春月堂菓子店前で　現在の市役所前付近にあったという松本春月堂菓子店の前で撮影。中央の髭の人物が森永製菓創業者・森永太一郎で、右隣が春月堂の当主夫妻。「森永ベルトライン」とは、森永製菓が全国各地の有力菓子店を直営販売店として組織したもの。〈上野町・昭和５年・提供＝松本富郎氏〉

映画館・大成座　大正時代に開館した日活系の映画館であった。劇場前では宮崎高等農林学校の生徒たちが券を買って入場している。撮影された1930年代はトーキー（発声映画）が普及していく時代であるが、戦時体制のもと、検閲も受けていた。大成銀天街の西端にあったが、昭和36年10月に火災により半焼、同39年頃に閉館した。跡地にはフクエー大丸ができた。〈上野町・昭和13年・提供＝吉田教雄氏〉

文華堂書店　大正14年に小倉栄嗣が創業、昭和2年に現在の橘通西2丁目のミノリビル付近に新築移転した。学制服姿の宮崎高等農林学校の生徒などが店内で本をめくっている。〈橘通西・昭和13年・提供＝吉田教雄氏〉

安心堂書店　大成銀天街沿い、現在の銀天ゆずや付近にあった。店内は宮崎高等農林学校の生徒たちや一般客で賑わう。当時はレジもなく、店主がそろばんで合計金額を伝えているようだ。〈橘通西・昭和13年・提供＝吉田教雄氏〉

バナナ問屋永野商店　大正10年頃創業の果物専門店。右端が創業者であり初代店主。昭和初期は宮崎駅の西側、当時の広島通1丁目にあった。後に橘百貨店などに移転し、現在も橘通東3丁目にて3代目が営業を続けている。〈広島・昭和初期・提供＝FRUITS GARDEN フルーツ永野〉

宣伝用複葉機の前で　昭和3年に森永製菓は業界で初めて直営販売店を全国に組織し、「森永ベルトライン」と称した。写真は、その宣伝のため同6年に宮崎を訪れた複葉機。翼に大きく「モリナガ」の文字を書き、チラシを撒くなど、宣伝活動を行った。〈市内・昭和6年・提供＝松本富郎氏〉

宮崎交通の箱バス　右の男性は明治40年生まれの運転手で、京都まで行って運転免許を取得したという。左のネクタイをした男性は切符切り係か。右端は前田写真館。〈市内・昭和初期・提供＝川崎薫氏〉

野球観戦を終えた人びと　江平東池を埋め立て、昭和８年に江平グラウンドが完成した。グラウンドの出口を上から撮影している。詳細は不明だが、野球の試合は２対１の白熱したものだったらしい。ほとんどの男性がカンカン帽などの帽子を被っている。戦前まで帽子は男性の身だしなみの必需品だった。〈橘通西、原町・昭和９年頃・提供＝南里晋亮氏〉

改築を祝う七福神　七福神は大黒天、福禄寿、弁財天などの七神で、七つの難が消え七つの福が訪れるご利益があるとされる。家の改築祝いに、七福神の仮装行列がやってきた。作業中の人びとも手を止めて写真に納まっている。〈市内・昭和８年・提供＝南里晋亮氏〉

弥次喜多映画ロケ　昭和10年7月に宮崎市内で行われた弥次喜多映画のロケのようす。移動中の車を撮影した写真か。写真の添え書きには、俳優たちが化粧用のドーランを塗った白い顔を「ホワイト・スムース」と表現している。〈市内・昭和10年・提供＝南里晋亮氏〉

宮崎駅東側の風景　現在の宮崎駅東2丁目辺りで撮影した家族写真。当時は一帯が田畑や野原だった。宮崎駅は東側に改札はなく、鉄道が開通してしばらくは西側が発展し、東側は戦後になってから開発が進められた。〈宮崎駅東・昭和初期・提供＝加治屋自動車〉

野球大会の記念に　広大なグラウンドで開催された野球大会に出場した選手たちと関係者の集合写真。選手たちのユニフォームから、少なくとも5チームが出場していた。昭和9年はベーブルースら米大リーグ選抜チームが来日し、同11年には日本職業野球連盟（現NPB）が創立されるなど、野球熱が高まっていた頃に行われた。〈市内・昭和10年頃・提供＝石川悦子氏〉

吉村八幡神社の夏越祭　吉村八幡神社の夏越祭は、当時は北回り南回りで２日に分けて行っていたという。右端には御神幸行列で宮司が乗る馬が写っている。幟旗に昭和 15 年と記されているので、紀元二千六百年の記念撮影かもしれない。中央の宮司と国民服を着た子どもたちを多くの氏子たちが囲んでいる。〈吉村町・昭和 15 年・提供＝岩切利幸氏〉

稲刈りを終えて　稲の切り株が残る田の中で撮影。周囲の田も刈り取りられているようすがわかる。親子ほどに大きさの違う馬２頭が写るが、刈った稲を運ぶ役目だったという。〈塩路・昭和 10 年代・提供＝長友浩教氏〉

NHK 宮崎放送局の前で
撮影年に開局した。当時はラジオ放送のみで、テレビ放送の開始は昭和35年である。当時は鶴島に放送局があり、建物の両脇には高い電波塔が2本建ち、遠くからでも放送局の場所が分かったという。42年に江平西へ移転した。〈鶴島・昭和12年・提供＝石川悦子氏〉

NHK宮崎放送局開局記念「海幸山幸」の演者たち　昭和12年4月19日の開局当日、全国中継で子どもたちが「海幸山幸」を演じた。右端の男性は立川アナウンサー。〈鶴島・昭和12年・提供＝那須啓人氏〉

お花畑で友人たちと　現在の平和台大橋の東側付近の大淀川堤防あたりと思われる場所で、友人たちや飼い犬とともに笑顔で撮影。和服と洋服、そして制服でおめかししている。戦時体制下だが、戦況の悪化前で余裕のある頃であった。〈祇園付近・昭和13年頃・提供＝富永泰子氏〉

豪華な雛人形の前で　最上段には御殿飾りがある豪華な仕様である。ようやく授かった待望の子だったとのことで、母親はとても喜んだという。優しく我が子を抱きながら記念撮影。〈下北方町・昭和17年・提供＝富永泰子氏〉

盥《たらい》の中で人形とともに　洗濯は盥の時代であった。大きな盥に、かわいらしい人形を抱いて女の子がすっぽりと入る。〈下北方町・昭和19年頃・提供＝富永泰子氏〉

大淀川で泳ぐ子どもたち　料亭の泉亭付近の大淀川で泳ぐ子どもたち。背後には２本の橋が架かっているが、手前は国有鉄道宮崎線の鉄橋で、奥に見えるのは本町橋と思われる。〈松山付近・昭和２年頃・提供＝飯尾彪氏〉

本町橋　昭和２年８月の台風によって橘橋、高松橋、赤江橋が流出した。当時の大淀川を渡る橋が鉄道橋以外流出したため、県知事と市長の出動要請で熊本工兵隊が派遣され、同年９月、本町通りの延長線上に写真の本町橋が完工した。なお工事中の事故で工兵２人が亡くなっており、現在も宮崎市役所第四庁舎付近に本町橋架橋熊本工兵鎮魂碑が残されている。〈川原町・昭和２年頃・提供＝飯尾彪氏〉

昭和館　現在の中村東１丁目で、東映系の映画を上映していた。後に日劇となった。洋館の洒落た建物の屋上には、夜に営業するためか、松明を焚くスタンドが見える。〈中村東・昭和10年代か・『大淀、古き確かな証』より〉

古場旗一焼き物店　現在の中村西３丁目にあった。店主は現在の佐賀県武雄市で焼き物を学び、独立して宮崎で開業した。トラックには排水用の土管が山のように積まれている。当時はこうした土管を製作できる業者が他になく、県や市から大量生産を依頼された。苦心の末、焼き窯の煙突を５つに増やすとようやく安定的に生産できるようになったという。〈中村西・昭和13年・提供＝古場邦子氏〉

番所橋が竣工　同橋は恒久地区を流れる一級河川・八重川に架かる。奥は松で、こうした近隣の木々を切って材料にした。同橋付近にはかつて松林が茂っていたが今はほぼなくなり、八重川も拡張されている。対岸の右側は洗濯用に桟橋のようになっている。〈赤江・昭和７年頃・提供＝岩切八郎氏〉

山川品右衛門顕彰碑が完成
山川品右衛門（1845～1925）は私財を投じて県外の実習視察を行い、倉岡村のために農地改良、山林造成、荒地を開拓、蚕業発展、被災者への寄付などを行った篤志家である。地元有力者らによりその功績を称える顕彰碑が建てられた。顕彰碑は現在も有田バス停付近に建っている。〈有田・昭和５年・提供＝吉田教雄氏〉

青島の海開き　昭和８年７月９日に行われた海神祭のようすで、近隣の子どもたちが参加している。大正期には海水浴場が設けられていたが、昭和初期にはさらなる観光地化のための整備が宮崎鉄道により進められていた。〈青島・昭和８年・提供＝石川悦子氏〉

青島海水浴場　海開きをした翌月の青島海水浴場。砂浜にテントが立ち、大勢の家族連れで賑わっている。沖合には手漕ぎボートも浮かび、青島が観光地として人気を集めているようすがわかる。〈青島・昭和８年・提供＝石川悦子氏〉

青島にて水着姿で記念写真　青島の亜熱帯植物をバックに、水着姿で撮ったもの。男女ともにセパレーツ水着を着用している。年代は不明だが、昭和戦前期に学校行事などで青島を訪れたのだろう。〈青島・年代不詳・提供＝多田将氏〉

青島海水浴場の余興　舞台の台座正面には休憩所と書かれている。おそらく少女たちによる舞踊が披露されているのだろう。出演者は、さまざまな衣装を着て、傘や櫂《かい》など小道具を持っている。青島海水浴場では森永や明治製菓などとタイアップして、さまざまな余興が行われた時期もあった。〈青島・昭和８年・提供＝石川悦子氏〉

オープン間もない「子供の国」　昭和14年の春分の日に開園した「子供の国」は、宮崎バスと宮崎鉄道が共同出資してできた遊園地である。園内に噴水などがあり整った姿が見える。戦後の同23年に「こどものくに」となった。〈青島・昭和14年・提供＝石川悦子氏〉

根井三郎と家族　広瀬村生まれの外交官である根井三郎が、ロシア人の妻と子ども二人を伴って青島を訪れたときの写真。根井は、第二次世界大戦中に杉原千畝がナチス・ドイツの迫害から逃れてきたユダヤ人難民に発給したビザを認めた人物である。また根井自身が単独でビザを発給していたことも近年判明し、「諸国民の中の正義の人賞（ヤド・バシェム賞）」に推挙されている。〈青島・昭和 10 年代前半・提供＝富岡重人氏〉

弥生橋の袂にて　戦時中の昭和 13 年 1 月 3 日、青島神社に武運長久祈願を兼ねて初詣をした帰り道である。弥生橋東袂には石灯籠がまだない。また左奥は青島神社の鳥居だが、この頃は白鳥居だった。〈青島・昭和 13 年・提供＝那須啓人氏〉

昭和天皇即位御大典記念　昭和天皇は、昭和３年 11 月 10 日、京都御所で即位の礼を行った。その奉祝事業として御大典記念の催しが全国各地で行われた。五日町の人びとが釈迦堂前で武者に扮してお祝いしている。〈佐土原町上田島・昭和３年・提供＝佐土原人形店ますや〉

蓮光寺の前で　浄土真宗西本願寺末本願寺派の同寺は、開基は大永５年（1525）とされ、佐土原町では「浜の寺」と呼ばれ親しまれている。正月に親戚総勢 28 人が一堂に会して、寺前で記念写真。大人の女性は着物、男性は背広にネクタイを着用し、子どもたちは学校の制服や着物などで、真剣な面持ちである。〈佐土原町下田島・昭和 15 年頃・提供＝富岡重人氏〉

穆佐村立図書館　昭和4年に創立された穆佐村立図書館の看板前で、小学校の職員が集まって撮った記念写真。建物の軒先に、時間などを知らせる鐘が吊り下げられており、小学校に併設されていた図書館だったようである。〈高岡町小山田・昭和10年代・提供＝青山功氏〉

五町の民家の前で　浴衣と学生服姿の男性らが高岡町五町の自宅前で撮影。五町は五町村時代から多くの商人が住む町であり、現高岡町域の村々のなかで最も人口の多い地域であった。犬はポインターと思われる。ポインターは明治期に猟犬として輸入された犬種で、昭和9年時点で全国で約2300頭以上にまで繁殖されていた。〈高岡町五町・昭和14年頃・提供＝本田書店〉

第３回国勢調査記念写真　背後の向かって左側の建物は清武村役場と思われる。国勢調査は大正９年に第１回目が実施されたが、法律が改正され、同14年に続き２回目の大規模調査だった。〈清武町船引・昭和５年・提供＝岩切哲氏〉

清武村民大会にて　昭和９年１月10日に行われた清武村民大会のときに撮影した記念写真と思われる。当時の村の有力者たちが集まり、「隧道開鑿工事ニ大絶対反対ス」「村内小学校ノ移転併合ニ絶対反対ス」などと書かれた村民大会決議と、清武村長の宣言案が背後に掲示されている。〈清武町内・昭和９年・提供＝那須啓人氏〉

「新池」工事竣工記念　ため池の「新池」（清武町今泉丙）工事が竣工したときの記念写真。清武の谷之口地域では、水田の夏の水涸《みずが》れなどに困っており、国の干害匡救土木事業の資金を得て、地域住民総出で新しい貯水池を作った。現在は池の水は抜かれているが、記念碑が残されている。〈清武町今泉・昭和 10 年・提供＝諸岩則俊氏〉

自宅でタマゴの収穫　自宅の庭で鶏のタマゴを収穫している。当時、タマゴは貴重なタンパク源で、どの家も鶏を飼っていたという。数十羽の鶏が、網などで仕切りをした鶏舎で平飼いされていたことがわかる。〈清武町今泉・昭和10年頃・提供＝諸岩則俊氏〉

安井息軒誕生地碑の前で　安井息軒（1799～1876）は江戸時代の儒学者。飫肥藩校振徳堂や自ら開いた三計塾で多数の塾生を育てた。写真は息軒誕生地碑の前で昭和4年に撮影したもの。現在、石碑がある安井息軒旧宅は、国指定史跡となっている。〈清武町加納・昭和4年・提供＝岩切哲氏〉

昭和の大家族　田野町梅谷の自宅で撮影した家族写真。女 11 人、男 2 人の 13 人きょうだい。当時は産めよ増やせよの時代だったため、前列に写っている両親は、村長から表彰されたという。家は農業を営んでいた。〈田野町梅谷・昭和 15 年頃・提供＝平原哲夫氏〉

ライオン堂支店の前で　もともと手芸用品など小間物を扱うライオン堂があり、昭和 10 年代にその場所へ大西書店が移ってきた。住民からライオン堂と呼ばれるので、大西ライオン堂に改名し、文房具なども扱うようになったという。移転後に家族で撮影した記念写真か。〈田野町甲・昭和 16 年・提供＝大西ライオン堂〉

甘藷デンプン工場時代の道本食品　田野町は良質な芋が採れると評判の土地であった。昭和 12 年に道本食品が現在地へ甘藷デンプン工場を建設。写真は自然乾燥場で、粉割箱（もろ蓋）が積まれている。戦後は安価なデンプンが海外から輸入されるようになり、同 41 年に漬物工場へと転換した。〈田野町甲・昭和 13 年・提供＝道本英之氏〉

有田地区の第１回敬老会　明治 43 年 3 月 29 日に行われた有田地区の第 1 回敬老会の記念写真。大地主だった南郷末吉の新築した家で開催された。お祝いされる人たちの笑顔と、少しの戸惑いの表情がとてもいい。現在も敬老会は続いている。〈有田・明治 43 年・提供＝吉田教雄氏〉

福島橋の渡り初め　明治 44 年 5 月、一ツ瀬川に架かる福島橋が竣工した後の渡橋式のようす。最前列では正装した倉永家三代の夫婦 3 組が並んで歩いている。一ツ瀬川はたびたび氾濫し、木製の福島橋は何度も流失したが、その都度建て直された。〈佐土原町下田島・明治 44 年・提供＝倉永憲禧氏〉

初代宮崎県庁舎　明治 7 年に、初代県令福山健偉が建てた最初の宮崎県庁舎は、楼閣のあるシンボル的な建物であった。南側には入口に門柱や掲示板がある。大正初期の写真であり、電柱と電線を通じて電気が使われていたこともわかる。〈橘通東・大正初期・提供＝石川悦子氏〉

泉亭の庭で人力車に乗る　大淀川北岸の松山町（現在の宮崎観光ホテル付近）にあった泉亭は、本格的な料亭で、しばしば政界や財界の協議の場所として利用された。泉亭の人力車に乗る女性と子どもの背後には、整えられた庭園が見える。〈松山・大正初期・提供＝飯尾彪氏〉

宮崎製糸場の慌ただしさ　明治23年に、遠山克太郎が江平町に製糸工場を設立、その後大正元年に宮崎製糸場となった。蚕が作った繭玉を籠に入れて運び、仕入れる時のようすを写したものと思われる。〈江平東・大正2年・提供＝遠山銃砲店〉

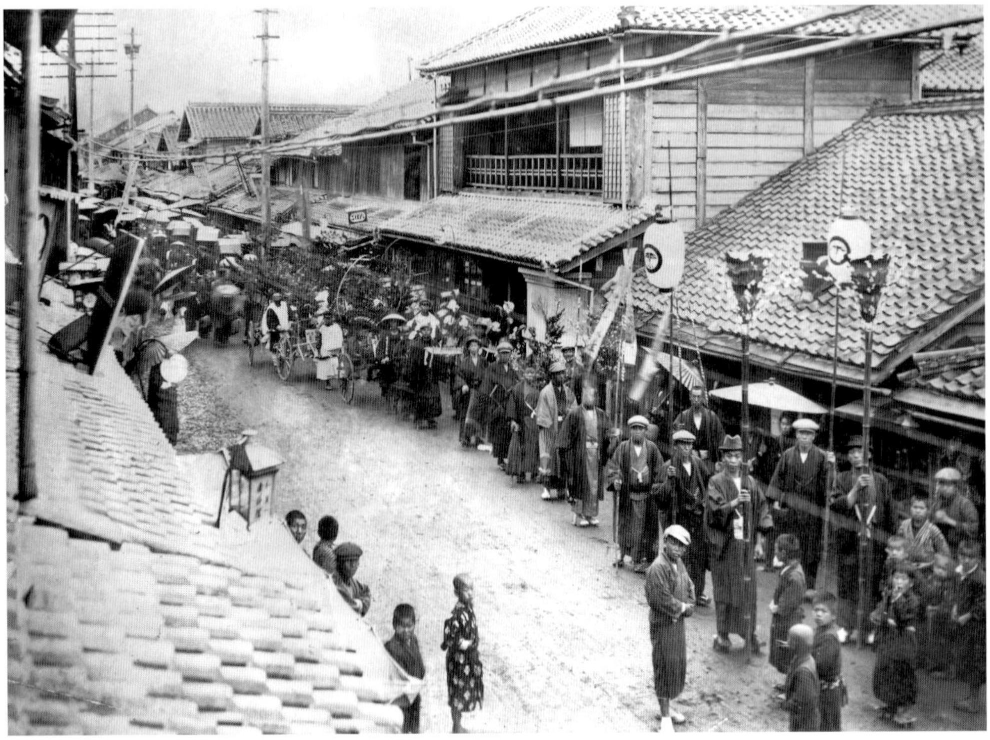

橘通を練り歩く人びと　橘通2丁目の商店街を練り歩く人びとを写したもの。左奥が橘通1丁目側で、北に向かって歩いており、葬列と思われる。電柱と電線が見え、電気の時代に移ろうとしていた頃。〈橘通東、橘通西・大正4年・提供＝飯尾彪氏〉

高千穂通の道路工事　県宮鉄道開通後の大正３年、宮崎駅から西側を望む高千穂通の工事のようすである。中央には砂利が盛られており、道路脇には砂の山が見える。両側に家はまばらで、鉄道開通時の宮崎駅周辺は未開発であったことがわかる。〈高千穂通・大正３年・提供＝石川悦子氏〉

小川度量衡器金庫店　大正中期に創業した小川度量衡器金庫店の店舗前で撮影したもの。写真の頃は現在の橘通東３丁目、橘通り沿いにあったが、のちに橘通東１丁目に移転し、昭和初期に現在のコーチ宮崎山形屋の場所に移転した。右から４番目が創業者・小川亥之助《いのすけ》。店には天秤秤や台秤、大小の金庫が見える。〈橘通東・大正中期・提供＝小川悦子氏〉

火災被害に遭った渡邊醸造　創業者・渡邊壽賀市は愛媛県出身で、アメリカで林業を学び成功したのち、林業が盛んだった田野町に移住した。売りに出ていた焼酎蔵を購入し、大正３年に渡邊醸造を設立。しかし同８年に近隣からの移り火により蔵が全焼してしまった。写真はその被害状況で、瓦礫に男性たちが座り込んでいる。この後、地元住民に助けられ復興を果たした。昭和50年に渡邊酒造場と改称、現在に至る。〈田野町甲・大正８年・提供＝渡邊酒造場〉

青島鬼の洗濯板にて　青島の南西側にある波状岩（鬼の洗濯板）に座っている若い男性４人を撮影したもの。強い日差しの下で、麦わら帽子をかぶっている。背後には青島に渡る木製の弥生橋が見える。〈青島・大正後期・個人蔵〉

大淀川で洗濯　大淀川で洗濯する女性を撮影したもの。現在の宮崎観光ホテル付近らしい。洗濯物を入れたカゴを水面からのぞく石の上に載せ、腰をかがめながら洗っている。大淀川では、昭和 30 年頃まで障子などを洗う光景がよく見られた。〈松山付近・大正 11 年・提供＝飯尾彪氏〉

一ツ葉の川で魚捕り　一ツ葉を流れる川で、ふんどし姿で腰をかがめ、筒状の道具を使って何かを捕っている。一ツ葉では天然のウナギも捕れたので、狙いはウナギかもしれない。川縁では、三脚を立てて写真を撮る人物も写っている。〈市内・大正 11 年・提供＝飯尾彪氏〉

天神山の風景　天神山には宮崎県農業試験場園芸部があった。そこでは、フェニックスをはじめ多くの植物が実験的に育てられていた。俯瞰的に撮影された写真からは、デザインされた植物の配置がよく見える。〈天満町・大正 11 年・提供＝飯尾彪氏〉

宮崎競馬場の競馬　明治 40 年に宮崎郡大宮村に宮崎競馬場が建てられた。通称は「大宮競馬」。同年に第 1 回競馬が開催され、以後継続的に行われた。写真は大正 13 年開催のもの。現在の JRA 宮崎育成牧場の前身である。〈花ヶ島町、大島町・大正 13 年・提供＝石川悦子氏〉

大正時代の青島と弥生橋を背景に　青島と木造の弥生橋を背景に、大木に家族で座った写真か。日本髪を結った和服女性が特徴的。弥生橋を渡り終えた脚絆姿の集団も写っている。青島に見える松の木は枯れてしまい、現在はない。〈青島・大正時代か・提供＝多田将氏〉

完成した戦没者慰霊碑の前で　日清・日露戦争の戦没者慰霊碑が完成し、陸海軍の将校・兵士や村の有力者らが集まって撮影した。戦後、慰霊碑がGHQ（連合軍最高司令官総司令部）に処分されるという噂がたち、破壊されたという。〈有田・大正14年・提供＝吉田教雄氏〉

一ツ葉の帆掛け船　写真の添え書きには「一葉の五厘橋」と書かれていた。五厘橋から一ツ葉の入江を撮影したものか。漁業が行われていた一ツ葉では、帆掛け船も使用されていたようだ。〈市内・大正11年・提供＝飯尾彪氏〉

「後藤飛行士郷土訪問飛行大会後援会」記念写真　延岡生まれの飛行士後藤勇吉が行った第２回郷土訪問飛行の後援会記念写真。冒険飛行家の日野俊雄と組んで、一ツ葉浜にて飛行し、５～６万人の観客を集めたという。複葉機をバックにした写真で、後藤勇吉は最前列の左から３番目、日野俊雄は５番目に座っている。〈市内・大正12年・提供＝飯尾彪氏〉

清水旅館　木造３階建てで楼閣付きの清水旅館。１階は氏川時計店があり、旅館業は2、３階で営んでいた。当時の宮崎県内で３階建ては珍しく、橘通西１丁目の通り沿いで徳善寺の隣にあった。日本少女歌劇座の寄宿舎として使われた記録もある。〈橘通西・大正から昭和初期か・提供＝清水岩生氏〉

フォトコラム・宮崎の鉄道黎明期

大正時代の宮崎駅構内　宮崎県営鉄道妻線の宮崎駅構内に、鉄道院から払い下げを受けたイギリスのシャープスチュアート社製の蒸気機関車が停車している。〈錦町・大正年間・提供＝石川悦子氏〉

明治二十五年の鉄道敷設法以後、全国の主要都市を中心に私設鉄道の開業が相次いだ。交通網が整っていない宮崎県においては、鉄道が未設という地域格差が意識され、関心や期待感は高く、官民挙げて早期の敷設請願が行われた。まず、同四十二年に肥薩《ひさつ》線の人吉《ひとよし》・吉松《よしまつ》間が開通し、四十四年三月には、宮崎県初で肥薩線唯一の県内駅である真幸《まさき》駅（現えびの市）が開業した。

肥薩線以外の路線敷設を進めるため、明治三十九年には日向鉄道期成同盟会が結成され、日豊《にっぽう》線（佐伯《さいき》・宮崎間）と宮崎線（吉松・宮崎間）の敷設請願活動を行った。日向鉄道期成同盟会は、中央の鉄道同志会や政友会と連携しながら、物流の拠点となる港湾と鉄道を一体化して整備する構想を持って運動を展開した。

政府は明治四十三年に、鉄道建設を促す目的で軽便鉄道法《けいべんてつどうほう》を施行し申請手続きを簡素化するなど、低予算の鉄道敷設を可能にした。宮崎県内では、私設と県営鉄道敷設の動きが相次いで起こった。

民間では、明治四十四年二月に内海港と大淀駅（現南宮崎駅）を結ぶ宮崎軽便鉄道の敷設申請が行われ、免許状が交付された。そのような中、同年三月に、第一三代宮崎県知事有吉忠一《ありよしちゅういち》が赴任した。内務官僚の有吉は、赴任後大規模な財政出動によるインフラの整備を行ったが、特に交通網の不便さを感じ、千葉県知事時代に成功した鉄道敷設事業に着目し、採算性の高い妻《つま》線（宮崎・妻間）など二線を県営鉄道として敷設した。妻線は、将来的な国有化を前提に国鉄と同規格の軌道とし、大正三年四月から全線営業開始した。このとき、国鉄吉松・宮崎間の工事も進められており、県営妻線は国鉄宮崎駅を使用した。

私設鉄道の宮崎軽便鉄道も国鉄と同規格の軌道を採用し、大正二年十月に内海《うちうみ》・大淀《おおよど》間の営業を開始した。ほぼ同時期に開通した国鉄・県営妻線と合わせた三路線は相互乗り入れが可能となり、鉄道が港・消費地・生産地を結ぶ動脈となった。県営妻線は同六年九月に買収により国有化され、宮崎・福島《ふくしま》間が北に延伸した。待望の日豊線は十二年に全通し、宮崎市が全国の鉄道網とつながった。

（籾木郁朗）

宮崎鉄道（旧宮崎軽便鉄道）

ガソリンカーと連結している蒸気機関車　宮崎鉄道のコッペル製蒸気機関車４号がガソリンカーのジハ１号と連結している。不調や燃料不足でガソリンエンジンが使えない状況なのだろうか。撮影された昭和 13 年頃は、青島に海水浴場が作られ、観光客を運ぶ足として利用されていた。〈青島・昭和 13 年頃・提供＝吉田教雄氏〉

宮崎鉄道管理課職員と記念撮影　昭和 13 年７月３日に青島海水浴場にて撮影された、宮崎鉄道管理課の職員たちの記念写真。職員は宮崎鉄道会社と書かれた法被《はっぴ》を着用していている。前列中央の椅子に座った人物は、社長の石川若蔵《いしかわわかぞう》。〈青島・昭和 13 年・提供＝石川悦子氏〉

内海《うちうみ》駅に停車する蒸気機関車　同駅は宮崎交通鉄道の南端であった。ホームにはコッペル製蒸気機関車4号が停車している。現在の日南線内海駅とは場所が異なり、内海トンネル西入口から約40メートル南辺りにあった。昭和37年に宮崎交通鉄道が廃線となり、写真の内海駅は廃駅となった。〈内海・昭和37年頃・提供＝湯浅倉平氏〉

トロッコの上に集まった住民たち　河内地区の山は、もともと軽便鉄道の関係で開拓され、生計のために山で切り出した木材などの物資を、トロッコに乗せて運んでいた。内海に住む人びとは太平洋戦争時に、山林地帯である西側の河内地区に疎開して、畑などを作り生活していた。〈内海・昭和11年頃・提供＝山本雄一氏〉

高野橋の架橋工事　高野橋は内海港から約1キロ西辺り、内海川に架かる橋である。背広を着ている人物が工事の請負人、酒井商店の酒井平吉である。〈内海・昭和11年・提供＝山本雄一氏〉

大正時代の宮崎駅　国鉄宮崎線の駅として大正２年に設置された宮崎駅は、宮崎県が申請し、先行して県営鉄道が使用することとなった。同６年頃に撮影されたと思われる最初の宮崎駅舎の写真である。〈錦町・大正６年頃・提供＝石川悦子氏〉

宮崎県鉄道管理所職員　宮崎県営鉄道妻線（宮崎～妻間）は段階的に開通し、鉄道事務を扱う宮崎県鉄道管理所が県庁内に置かれた。鉄道管理所の職員が集まって撮影しており、最前列の中央は所長の石川若蔵。〈錦町・大正時代・提供＝石川悦子氏〉

国有化前後の妻線　ボールドウィン製の1001号機関車が、佐土原駅（のちの西佐土原駅）に向かう分岐を通過する。２両目の貨車の横には宮崎県の徽章が描かれている。後方２両のトロッコにはそれぞれ職員が乗車しており、点検走行だろうか。左の線路は、大正６年４月に着工した日豊南線で、宮崎県営鉄道は同年９月に国有化された。〈佐土原町下田島・大正６年頃・提供＝石川悦子氏〉

駅と観光地を結ぶ人車鉄道　宮崎県営鉄道妻線の乗車率を上げるため、宮崎県は妻線の次《じ》郎《ろ》ヶ《が》別《びゅ》府《う》駅から住吉浜までレールを敷き、車夫が客車を引く簡易な人車鉄道を走らせた。一番手前の客車に乗車する山高帽をかぶった男性は、人車鉄道を敷設した有吉忠一《ありよしちゅういち》県知事と思われる。〈住吉・大正４年か・提供＝石川悦子氏〉

飛行機館に集まった人びと　宮崎県は、県営鉄道の利用率を上げるため、次郎ヶ別府駅から住吉浜まで人車鉄道を引き、住吉浜には飛行機館を建てて飛行機を展示し、多くの人びとを呼び寄せた。飛行機館の前で、老若男女が何かを拾っている。おそらく建物の上棟の際に餅や小銭を撒く「せんぐまき」のようすだろう。〈住吉・大正４年か・提供＝石川悦子氏〉

展示された飛行機モ式第４号　住吉浜に飛行機館と格納庫が建てられた。第一次世界大戦で関心が高まった飛行機を展示し、観光客を呼び寄せて、県営鉄道の乗車率を上げる目的があった。この飛行機はモ式第４号で、展示期間中は多くの観覧者で賑わった。〈住吉・大正４年か・提供＝石川悦子氏〉

戦前・戦中の学校

宮崎師範学校　現在の宮崎大宮高校の近くにあった。昭和 18 年、宮崎県師範学校と宮崎県女子師範学校を統合し、宮崎師範学校を設置した。門柱には「宮崎師範学校」とある。同 20 年 5 月の空襲で校舎の一部が倒壊、8 月 12 日の空襲で全焼した。〈船塚・昭和 18 年頃・個人蔵〉

県庁所在地である宮崎市には、明治五年の学制施行後、多くの小学校をはじめ、宮崎中学校、宮崎高等女学校、宮崎県師範学校、宮崎高等農林学校など県の中心的教育機関や、各種実業学校、そして私立学校や幼稚園が設置された。昭和十年の『宮崎県統計年鑑』によると、児童総数は八、八三三人、教員数は一八七人、小学校一〇校、幼稚園四校であった。

本章では昭和十年代を中心に戦前戦中の学校の写真を収集した。幼稚園男児の服装は和装と国民服が混じっているが、小学生になると国民服が増加し、中学校や工業学校の男子生徒はみな国民服を身に着けている。女児も和装からセーラー服へと移っていく。なかでも宮崎県尋常師範学校附属小学校の制服は誰もが着られる制服ではなく、憧れの的であっただろう。

そろって下駄を履き、学帽をかぶりバンカラな風貌に屈託のない笑顔で写真に納まる青年たちが、その後たどった運命を考えると心が痛む。七四頁中段の昭和十九年頃の写真には中央には軍服に軍刀を持つ男性、横にはゲートルを巻いた青年が写っており、戦時体制下であったことをうかがわせる。市内全体が国防色に染まっていった。

一方、記念写真ばかりでなく、実習中や日常のようすなど、学生の生活が垣間見える写真もある。特に六八頁下段の下宿で学生が寝ている写真に見える調度品も興味深い。畳に散乱する碁石、枕元にあるキセルと煙草（ゴールデン・バットのように見える）、そして灰皿。さらに電気スタンドや書名は分からないが本棚に並べられた多くの書物など、昭和十年代の学生生活を知る貴重な一枚である。

今ではほとんど見なくなった奉安殿の写真も貴重である。教育勅語などは当初、職員室や校長室に奉安所を設けて保管された。その後火災や地震により破損する可能性があったため、奉安殿の建築が進められた。多くの小学校は独立建築型であった。耐火耐震構造に優れていたが、湿気がこもる短所があった。宮崎県文書センターには、奉安殿で管理していた教育勅語などにカビが生えたという各小学校からの報告書が多数残っている。

（竹村茂紀）

宮崎中学校の合作測候所　5 年生男子数人が測候所に登っている。終戦の頃までは観測所や測候所を持つ学校もあった。戦後は昭和 28 年の理科教育振興法により、多くの学校で百葉箱が設置されたが、平成になると徐々に姿を消していった。〈神宮東・昭和 10 年代半ば・個人蔵〉

宮崎中学校の男子生徒たち　胸に大きな名札をつけており、最前列の生徒は全員裸足である。写真は宮崎神宮で撮影したものか。同校は明治 22 年に宮崎県会尋常中学校として開校、同 32 年に宮崎県宮崎中学校、34 年に宮崎中学校に改称した。昭和 23 年、学制改革により旧制中学校から新制高校の宮崎大宮高校となった。〈市内・昭和 10 年代半ば・個人蔵〉

宮崎商業学校の運動会
5月2日に開催された。かつては春と秋で2回運動会を行う学校も珍しくなかった。写真は3年生の「俵奪い」で、60キロ（学校によっては100キロ）以上ある俵を自陣に引き込む競技である。現在では俵がタイヤなどに代替されているが、地方では俵奪いを続けている学校も残っている。〈船塚・昭和11年・提供＝石川悦子氏〉

宮崎高等女学校の水泳指導　市内の海岸にて、女子生徒らが準備体操をしている。多くの生徒が顎《あご》の下で紐を結ぶ水泳帽を被っている。学校のプール設備は、文部省の指導により昭和30年代から全国的に普及していった。〈市内・昭和10年代・個人蔵〉

宮崎高等女学校　昭和16年、同校の生徒数は4学年803人であった。現在の広島1丁目、NTT広島ビル辺りに校舎があった。同43年に高千穂通りに面した場所へ宮崎高等女学校跡の石碑が建てられた。〈広島・昭和16年・提供＝横山伴子氏〉

宮崎第一高等女学校の生徒たち　青島にて。現在のトロピカルロード辺りだろうか。終戦前後の時代で、上半身の服装はセーラー服や和装などそれぞれであるが、下はみなモンペのようである。この頃の高等女学校への進学率は、全国で約25パーセントであった。宮崎高等女学校は、昭和18年4月に宮崎第一高等女学校と改称された。〈青島・昭和20年頃・個人蔵〉

橘橋と女学生　戦前の宮崎女子高等技芸学校の生徒たち。同校は大正7年創立で大淀にあった。昭和3年4月に宮崎技芸女学校から名称変更された。写真の橘橋は同5年に着工、7年に完成した。戦争中は攻撃の標的となったが、無事に戦後を迎えた。昭和50年に架け替えのため撤去されたが、今でも橋柱の一部が橘公園に残っている。〈橘通西、橘通東・昭和11年頃・提供＝加治屋自動車〉

宮崎高等農林学校　県を挙げての誘致運動や募金活動が行われ、大正 13 年に全国で 10 番目の官立高等農林学校として設置された。撮影の年は農学科 34 人、林学科 27 人、畜産学科 30 人の卒業生が巣立った。昭和 19 年に宮崎農林専門学校と改称する。〈船塚・昭和 13 年・提供＝吉田教雄氏〉

宮崎高等農林学校の生徒たちの苗取り　苗を取って束ねて田植えの準備をしている。奥に見える森は宮崎神宮だろうか。〈船塚・昭和 13 年・提供＝吉田教雄氏〉

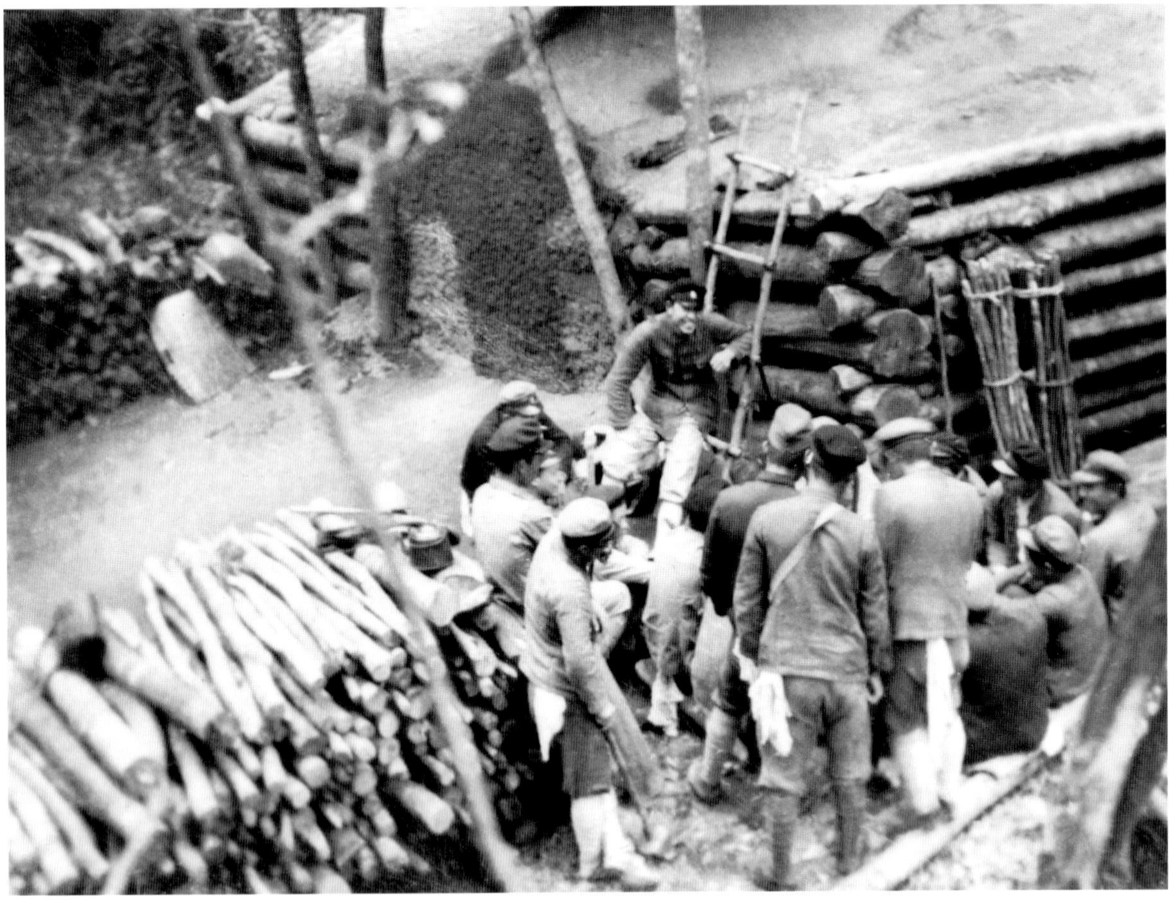

製炭実習　宮崎高等農林学校の生徒が田野演習林で製炭実習を行い、炭窯の前で談笑中である。昭和 12 年、国有林から所管換えにより田野演習林が設置された。広さは 539 ヘクタールであった。〈田野町内・昭和 10 年代後半・提供＝岩切義弘氏〉

下宿の風景　宮崎高等農林学校の生徒の下宿を写したもの。一番手前の学生は将棋盤を枕にして寝ており、畳の上には灰皿やキセルが。枕元の電気スタンドが時代を感じさせる。〈市内・昭和 13 年・提供＝吉田教雄氏〉

宮崎工業学校　明治 38 年開校。後ろの建物は昭和 12 年に竣工した双楠寮である。200 人以上の寮生が寄宿し、渡り廊下で校舎への登校ができた。3 月の撮影で、卒業間際の記念撮影と思われる。同校は同 23 年の学制改革で市内の県立旧制中等教育学校 3 校と統合して宮崎大淀高校となったが、再び分離して 40 年に宮崎工業高校となった。〈天満町・昭和 16 年・提供＝本田書店〉

宮崎工業学校の生徒たち　宮崎工業学校の双楠寮の学生たちが、卒業記念で青島へ。全員下駄を履いている。この年の卒業生は 226 人であった。このあと彼らのほとんどは徴兵され、戦地に赴くこととなる。〈青島・昭和 16 年・提供＝本田書店〉

天神山にて　宮崎工業学校の双楠寮の３年生が天神山に集合している。皇紀2600年の年で、祝いも兼ねての仮装であろうか。破れ傘に着流し、マントを着た学生に、柔道着を着た学生も。中央の鳥打帽を被った学生はアコーディオンらしいものを持っている。〈天満町・昭和15年・提供＝本田書店〉

江陽高等女学校の生徒たち　同校は市議会議員などを務めた河野初二により設立された私立校である。校地には寄宿舎があった。正月、河野家邸宅へ寄宿生たちが集まっている。〈和知川原・昭和12年・提供＝宮崎県総合博物館〉

江陽高等女学校①　大正４年に宮崎女学校として開校、当初は広島通りにあった。のちに深坪町に移転して同９年に宮崎家政実科高等女学校と改称、さらに15年に江平に移転して江陽高等女学校となった。江平の校地は現在のEVO37宮崎や江平ビル辺りである。昭和19年に県立へ移管されて宮崎女子商業学校と改称した。〈江平西・昭和11年・提供＝宮崎県総合博物館〉

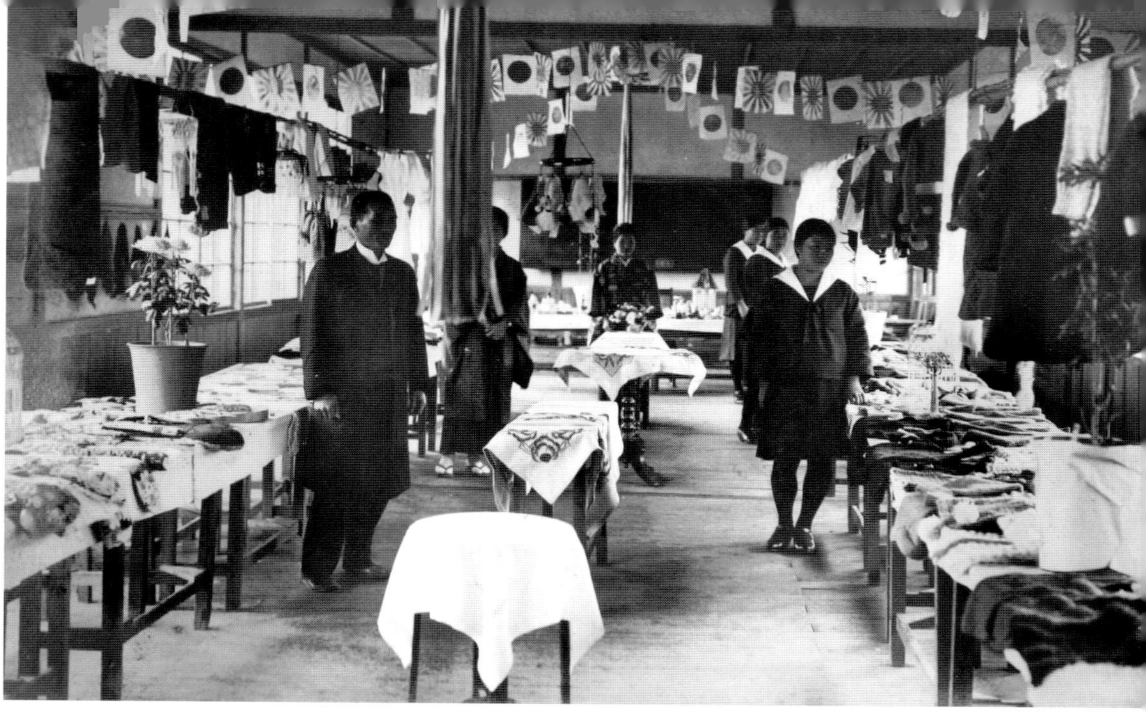

江陽高等女学校② 同校では理科、音楽、生花、作法、料理、タイプライター、裁縫などの授業があった。また、毎年生徒たちの裁縫作品を展示したバザーが催されていた。〈江平西・昭和初期・提供＝宮崎県総合博物館〉

宮崎商業学校の野球部 現宮崎商業高校である。写真の頃はユニフォームにアルファベットで校名が書かれているが、現在は左胸に漢字で「宮商」と書かれている。なお昭和15年の同校は1年生から5年生までで、12クラス638人の生徒数であった。〈船塚・昭和10年代・提供＝横山伴子氏〉

宮崎商業学校の奉安殿 奉安殿は学校に下賜された天皇と皇后の写真や教育勅語謄本が納められており、明治以降から昭和10年代にかけて全国の学校に建てられた。生徒は校門をくぐるとまず奉安殿に向かって最敬礼をした。奉安殿は昭和20年に発令されたGHQの神道指令により廃止された。〈船塚・昭和15年・提供＝吉田教雄氏〉

第一宮崎尋常小学校の卒業写真　現宮崎小学校である。6年生の女子児童全員が写るが、女子だけで3クラス約150人もの児童数であった。〈旭・昭和14年・提供＝那須啓人氏〉

第二宮崎尋常小学校の児童たち　現小戸小学校である。県公会堂を会場に、宮崎県師範学校の創立記念音楽会が行われた。児童たちは学校代表として参加し、舞台で演技を行った。大正期から流行したクロッシェをかぶる児童など、皆おしゃれでモダンな衣装である。〈大工・昭和9年・提供＝那須啓人氏〉

第二宮崎尋常小学校職員の奉祝合唱　皇后の誕生日である地久節を祝い、県公会堂での音楽会で、第二宮崎尋常小学校の職員が合唱を披露した。明治時代の地久節は5月9日、大正は6月25日、昭和は3月6日であった。母の日は地久節に合わせて昭和6年から設けられたが、同24年頃から現在の5月に変更された。〈橘通東・昭和9年・提供＝那須啓人氏〉

第六宮崎尋常小学校の卒業記念写真　現江平小学校。写真の児童は全員女子である。戦前の小学校では学年の女子児童数が学級編成に十分であれば、男女別学級にするよう定められていた。セーラー服や和装など様々な服装をしている。〈橘通西・昭和8年・提供＝松浦夏菜氏〉

第四宮崎尋常高等小学校の卒業記念　現大宮小学校である。児童は全員女子だが、上の写真の第六宮崎尋常小学校と同様、女子児童数が学級編成に足りたため男女別学級だったのだろう。撮影年の3月14日に国民学校令施行規則が公布され、4月1日から実施となった。〈下北方町・昭和16年・提供＝井内節子氏〉

江平池池畔へ遠足　宮崎県尋常師範学校附属小学校（現宮崎大学教育学部附属小学校）の６年生である。江平池は東西に２つあった。東池は昭和７年には埋め立てられており、写真の池は西池である。西池は同30年頃に埋め立てられ、西池小学校が建てられた。〈西池町・昭和15年頃・提供＝横山伴子氏〉

高岡国民学校の正門前にて　江戸時代の錬士館からの伝統を持つ。高岡尋常小学校等を経て昭和16年に高岡国民学校と改称した。写真の門構えは現在も残っている。写っている人たちの年齢から、生徒ではなく青年学校生徒の記念撮影の可能性もある。〈高岡町内山・昭和19年頃・個人蔵〉

穆《むか》佐《さ》尋常小学校の職員　全教員の集合写真である。中央の椅子に座っているのは校長だろうか。同校では児童数の増加に伴い、撮影年に西側校舎を増築、昭和９年には北側校舎を増築した。〈高岡町小山田・昭和２年・提供＝那須啓人氏〉

田野尋常小学校　明治11年、簡易中原小学校として創立。当初は田野天建神社に校舎があったが、同33年に現在地へ移転。37年に田野尋常高等小学校と改称する。昭和12年の記録では、尋常科19学級、高等科5学級であった。〈田野町甲・昭和15年頃・提供＝渡邊酒造場〉

共愛幼稚園の卒園記念写真　緊張した面持ちの卒園生とともに、クラーク宣教師夫妻が写っている。なお写真には園児が25人しか写っていないが、『宮崎県統計書』によると、同幼稚園は3クラスで保母3人、撮影の年は卒園者39人となっている。現在、栄町児童公園にはサイラス・A・クラークの銅像があり、同公園北の通りはクラーク通りと名付けられている。〈別府町・昭和2年・提供＝石川悦子氏〉

江平幼稚園　同園は昭和5年に設立が認可された私立幼稚園である。『宮崎県統計書』によると、同園は3クラスで保母2人、22人の卒園者となっている。写真は幼稚園の全園児が写っているのだろう。現在の江平小学校の西隣辺りにあった。〈橘通西・昭和7年・提供＝横山伴子氏〉

フォトコラム・「日本少女歌劇座」

少女歌劇といえば、大正期に起源を有する宝塚歌劇団が著名である。同団は兵庫の大劇場に本拠を置き、都会的な娯楽として少女歌劇興行をプロデュースした。

宝塚歌劇の人気が高まるにつれ、全国各地にはこれを模した少女歌劇団が族生した。ブギの女王・笠置シヅ子を輩出した松竹楽劇団もそのひとつである。そして、その中には、植民地を含む帝国日本を股にかけた巡回興行を看板とするユニークな歌劇団も存在した。日本少女歌劇座である（以下「歌劇座」）。

歌劇座は、大正十年前後に大阪・日下温泉の専属歌劇団として誕生した。昭和戦前期には宮崎市内に拠点となる孔雀劇場を構えつつ、朝鮮、満洲、台湾を含めた全国巡業を行った。率いたのは島幹雄。本名を富永朝太郎といい、国家主義の大物・頭山満に師事したとされる。政界にパイプを有しつつ、戦後は宮崎市内に島興業をたちあげ、ルナパーク孔雀園を開園させて菊人形博を誘致し、フェニックス国際観光（フェニックスリゾートの前身）の取締役も務めた。

歌劇座の巡業は大がかりなものだった。判明している昭和三年には、北海道から長崎まで三七都道府県一三四カ所を巡回し、都市部では一週間から一〇日程度、その他だと二、三日間の公演を行った。公演日数は三五〇日を超え、休みなく日本中を飛び回っていた。これに翌年以降は植民地が加わる。大陸での移動には楽屋を兼ねた専用車両が仕立てられた。

公演の観客では、歌人の岡田誠一が印象を残している。岡田は昭和七年一月に宮崎市内喜楽座で観劇し、「軽《かろ》らかに腰うごかしつ歌うたふ美《うづ》の少女は顔もほがらに」「月姫の少女うすものをまとひたれ線もあらはに肉見せ踊る」などと詠んだ。レビューと呼ばれ、悩ましい肉体美を売り物にした演目が提供されていたのだろう。レビューは当時、東京浅草を震源地として大きな人気を博していた。

戦後の活動で目立つのは、昭和二十九年の南国宮崎産業観光大博覧会において会期中に「バラエティーショウ　日向物語」を連日昼夜二回ずつ公演したことや、同三十二年、ルナパーク孔雀園で開催された菊人形博での公演など、県外客を見込んだイベントで登用されていたことである。このことは、歌劇座が宮崎の娯楽の象徴的存在になっていたことを示すと思われるが、三十二年以降の足取りは全く不明である。

（金子龍司）

専用車①　外地巡業の際の専用車。写真左奥、ホーム屋根下に「通関貨物検査場」の看板が確認できることから、釜山、基隆あるいは鮮満国境か。列車には「二等」「日本少女歌劇座専用車」の文字が確認できる。ホームで女優に囲まれている蝶ネクタイの男性が島幹雄。〈場所不祥・昭和 10 ～ 13 年・提供＝冨永伸二氏〉

専用車②　植民地期の朝鮮鉄道の「日本少女歌劇座専用車 女生徒室」とされる。座敷が設けられ、窓と平行して置かれた机の上には化粧品と思しき小物が置かれている。楽屋として使われていたのだろう。正面奥などに見える断髪の女優は、男装の麗人役か。〈場所不祥・昭和 10 ～ 13 年・提供＝冨永伸二氏〉

多民族帝国日本　化粧をした歌劇座の女優 18 人と、写真中央に笑顔の島幹雄が見える。取り囲む子どもが着用しているのは、台湾の先住民族の衣装か。推察するに、戦前期台湾の教育機関でのハレの行事に歌劇座が招かれ記念撮影したものだろう。〈場所、年代不詳・提供＝冨永伸二氏〉

ガンマン参上　敗戦後に流入するアメリカ文化のなかでも、洋画で人気をさらったジャンルが西部劇だった。カウボーイスタイルの女優たちが手にするのは二挺拳銃。昭和 24 年日本公開の「腰抜け二挺拳銃」の女賊カラミティー・ジェーンを意識した演目か。〈場所不詳・昭和 20 年代・提供＝冨永伸二氏〉

少女歌劇の代名詞　少女歌劇レビュー公演の代名詞といえば、レオタード姿の女優たちが隊列を組んで高らかに脚を上げるラインダンス。その脚線美、健康美は戦前期から多くの観客を魅了してやまなかった。歌劇座でもご多分に漏れずラインダンスが披露されていたことを傍証する一枚。〈場所不詳・昭和 20 ～ 30 年代・提供＝冨永伸二氏〉

戦時体制下の人びと

興亜学生勤労報国隊の出発　勤労報国隊のうち、学生隊はその技能により医療、獣医、農業、鉱工、土木の 5 隊が編成され、満洲国建設に協力した。またこの他にも、全国の師範学校から生徒を選抜し、主として軍の仕事（土木作業）に奉仕した。昭和 15 年 7月17日、青年たちが多くの級友に見送られて宮崎駅から出発した。うち一人の例では、7月20日に内原訓練所入隊、7月25、26 日に満洲へ出発。23日間滞在し、8月26日に帰国している。〈錦町・昭和 15 年・提供＝青山功氏〉

日中戦争から終戦までの間に、宮崎県内では陸軍に一二万人、海軍に三万人が召集された。徴兵で陸軍の歩兵に召集されると、ほとんどの男子（壮丁）は都城の部隊に入営した。海軍では志願制をとっていたが、戦局が厳しくなると徴兵も行った。

昭和十二年七月の日中戦争を契機に、「国民精神総動員運動」が開始されると、挙国一致という言葉のもと、生活のあらゆる面で戦意高揚がはかられ、経済面での戦争遂行への協力も押し進められた。同年十一月、宮崎県知事・相川勝六《あいかわかつろく》は全国に先駆け祖国振興隊を結成した。十四年「国民徴用令」が出され、兵役以外にも重要産業への労務が課せられ、出征兵士を見送るかたわら、徴用や勤労奉仕に励み、開墾作業なども行われた。昭和十五年、紀元二千六百年記念事業は全国的に盛り上がり、宮崎では八紘《あめつち》之《の》基柱《もとはしら》（現平和の塔）の建設や宮崎神宮拡張工事に祖国振興隊も動員された。

しかし戦争の長期化は、兵員の大量召集に伴う労働力不足をもたらし、資源、物資も底をつき、農家には供出制度が課せられた。徹底した物資配給制など耐乏生活が日常となった。学校も軍需工場へとかわり、宮崎では国民学校六年生でさえ滑走路造りなど勤労奉仕に動員された。

軍人や遺家族の援助活動、貯蓄奨励や生活の刷新などの活動を行っていた愛国婦人会、大日本国防婦人会などは、昭和十七年、大日本婦人会に統合され、後に祖国振興隊、大政翼賛会と共に国民義勇隊に改組された。

昭和十九年八月四日、本土決戦に備えて「国民総武装」が閣議決定された。南九州では、沖縄に続いて米軍が上陸した場合、本土決戦に備えて女性たちの竹槍訓練なども盛んに行われるようになった。

昭和二十年三月十八日の米軍機による初空襲以降、宮崎県内も度々空襲がつづき、宮崎市内の被害が大きかったのは、五月十一日と、八月十日から三日間の空襲であった。

終戦を迎え、多くの兵士が復員するが、満州の兵士たちの一部はシベリアに抑留された。県内の戦没者数は、陸軍が約二万八〇〇〇人、海軍が約八二〇〇人であった。

（渡辺一弘）

入営の祝宴　中央奥はのちに県会議員となる戸高保。都城歩兵第23連隊への入営を祝い、1月8日に親が営む旅館・待月に親族が集まり祝宴を開いた。自著『白い浮雲の彼方に』では「（父は）鬼の首を取ったみたいに有頂天になって、親戚縁者・知人友人一同をことごとく招いて、二日二晩連続の飲めや歌えのどんちゃん騒ぎをおっぱじめて、私の入営を盛大に祝ってくれました」と記している。〈吾妻町・昭和13年・提供＝那須啓人氏〉

応召記念　昭和12年8月3日に虎櫻会という団体が友人の応召を記念して集まった。中央に日の丸の小旗を持って軍服姿で座っているのが応召者。多くの男性がカンカン帽を被っている。同年7月7日に日中戦争を開戦しており、その直後の応召であった。〈佐土原町内・昭和12年・提供＝五代雅浩氏〉

出征を記念して一族で　中国大陸へ出征する際に、親族一同が広々とした麦畑に集まって撮影。中央が応召者で、その左の３人、一番左の少女、後ろの赤子が子ども。左から３番目の黒っぽい和服の女性が母。男女大人が和服姿のなか、男児は国民服を着ている。応召者は明治33年生まれの38歳で、大正９年に続いて２度召集されたが、無事復員し、再び農業に携わった。〈田野町乙・昭和13年・提供＝平原哲夫氏〉

入隊を祝う幟と　応召者は９人兄弟の長男で跡取りであったため、他の弟たちが徴兵された後、一番最後の応召となった。歩兵第147連隊として門司港から出港、マニラなど東南アジア方面を転戦した。食事係など補佐的な部隊で、無事に復員したという。〈吉村町・昭和18年頃・提供＝岩切利幸氏〉

宮崎駅を出発する出征兵士　応召兵士の見送りと思われる。6月18日の撮影で、前月にはアッツ島の日本軍守備隊が全滅するなど、戦況は悪化の一途をたどっていた。〈錦町・昭和18年・提供＝南里晋亮氏〉

出征前の結婚　新郎は陸軍の軍服姿で軍刀を持っている。新婦の着る黒振袖は、明治時代から花嫁の本衣装とされ、この頃は庶民の花嫁衣装として好まれていた。〈塩路・昭和20年・提供＝長友浩教氏〉

馬も召集　戦時中、各家庭の農耕馬にも馬匹徴発告知書、いわゆる「青紙」が届き軍馬として徴発された。この家では昭和天皇が乗る馬として献上されたと伝えられている。宮崎県では軍馬補充部高鍋支部が管理していた。〈大瀬町・昭和14年頃・提供＝木下富美子氏〉

取材を受ける松岡洋右　昭和８年６月11日に松岡は来宮。特別に県民への挨拶をするため宮崎県公会堂を訪問。その前に控室にて新聞記者たちの取材を受けた。撮影したのは大正15年１月から昭和10年まで大阪毎日新聞の初代宮崎支局長を務めた原田喜一郎。〈橘通東・昭和８年頃・提供＝原田解氏〉

南京陥落祝賀国旗行列　昭和12年７月に日中は全面戦争に突入、学生たちの生活も戦時色が濃厚になっていった。昭和12年12月13日、中国の首都・南京が陥落、14日からは全国で提灯行列や国旗行列などの祝賀行事が行われた。〈市内・昭和12年・提供＝宮崎県総合博物館〉

宮崎駅でヒトラー・ユーゲント一行と　ヒトラー・ユーゲントはドイツの青少年組織である。この年は神武天皇の即位から2,600年にあたるとされ、記念式典が全国各地で行われていた。写真は紀元二千六百年を記念して、11月に訪日派遣団として来日したヒトラー・ユーゲントの6人で、26日に宮崎市で開催された「大日本青年団西部動員大会」に参加した。29日に宮崎駅から鹿児島へ向かった。〈錦町・昭和15年・提供＝青山功氏〉

バスガイドとヒトラー・ユーゲントの若者　「大日本青年団西部動員大会」に参加する傍ら、青島なども観光した。昭和11年からドイツの14～18歳の男子は、ヒトラー・ユーゲントの加入が法律で義務づけられていた。当時中学生だった写真提供者が観光バスで青島に行った際に偶然居合わせ、許可を得て撮影した写真という。〈青島・昭和15年・提供＝原田解氏〉

農繁期託児所保母講習会　昭和13年6月3日から天神山祖国青年修養道場で4日間開かれた。講習生は、郡託児所の保母、女子青年団員、女学校を卒業したばかりの若い女性のほか、中年の女性たちも参加した。初日の開会式後に講話があり、その後「鳩ぽっぽ」「かもめの水兵さん」「愛国行進曲」など、唱歌と遊戯の稽古があった。愛国行進曲は、「国民が永遠に愛唱すべき国民歌」として歌詞が公募され、同12年12月に複数のレコード会社から発売、全国に普及した。〈市内・昭和13年・提供＝那須啓人氏〉

一ツ葉の松林で浦安の舞　浦安の舞は、紀元二千六百年記念事業の一つとして作られた奉祝神楽舞である。昭和15年11月10日に全国一斉に奉納され、その後、全国の村社郷社で舞われるようになった。写真は同16年2月の一葉稲荷神社例祭での浦安の舞の奉納である。〈新別府町・昭和16年・提供＝那須啓人氏〉

出征先へ送った家族写真　満洲に出征した夫へ送るため、残された妻や子らが宮崎市内の写真館で撮影した。夫は戦後、無事に日本へ復員したという。〈市内・昭和 10 年代後半・提供＝梅﨑辰實氏〉

戦場の父に送るための家族写真　自宅で、戦場の父へ送るために家族みんなで撮影した。大人は和服で、少女は制服、少年は国民服である。〈大瀬町・昭和 18 ～ 19 年・提供＝木下富美子氏〉

義勇消防組の解散式　大正13年に従来の宮崎町、大淀町、大宮村の義勇消防組がそのまま統合され、宮崎市中央、北部、南部の三消防組となった。宮崎市の義勇消防組は昭和8年8月31日に解散、消防団に改称された。さらに同14年4月、警防団に改称された。〈市内・昭和8年・提供＝南里晋亮氏〉

江平の観音さんの前で　幟に「観世音菩薩　第32区民一同」とある。女性たちは大日本国防婦人会の襷《たすき》をかけ、割烹着姿である。江平子安観世音菩薩を祀る観音寺は「江平の観音さん」と呼ばれ、多くの産前産後の女性が参拝し、安産祈願や子授けなどで広く信仰を集めている。〈江平西・昭和14年頃・提供＝石川悦子氏〉

大日本国防婦人会の女性たち　婦人会の襷をかけ、麦わら帽子や手ぬぐいを被り、手甲をつけている女性もいる。「大日本国防婦人会橘分会第 32 区」の幟があり、江平の婦人会であることがわかる。〈市内・昭和 14 年頃・提供＝石川悦子氏〉

東上那珂神社への参拝　ほとんどの男性が国民服を着て、戦闘帽を被り、ゲートルを巻いている。東上那珂神社は鎌倉権五郎景政を祭神とし、景政明神とも呼ばれる。権五郎は武神「御霊大明神」として祀られ、「ゴリョウ様」「五郎様」と呼ばれ親しまれている。武運長久の神として旧藩時代から厚い崇敬を受けており、戦時下の戦勝祈願も行われていた。〈佐土原町東上那珂・昭和 10 年代後半・提供＝五代雅浩氏〉

小戸神社での招魂祭を終えて　昭和18年5月10日、小戸神社で招魂祭が行われ、近くの大淀川の堤防と思われる場所で記念撮影した。軍服や国民服の大人に混じって国民服を着た子どもの姿も見える。同神社は旧称小戸大明神として下別府にあったが、寛文2年(1662)の大地震により上野町に遷座、明治に小戸神社と改称、昭和9年の橘通りの拡張により現在地へ再遷座した。〈鶴島・昭和18年・提供＝南里晋亮氏〉

宝塚移動歌劇団　9月に慰問演劇で来県、青島で記念撮影をした。なお演者らは同月19日に延岡劇場で公演、20日朝に豪雨被害に見舞われ同劇場へ避難、同日午後に日窒化学工業（旭化成）ベンベルグ工場を訪れている。昭和16年に日本移動演劇連盟が大政翼賛会の主導で設立、その指示のもと、吉本移動演劇隊など13の団体により各地で巡回公演が行われた。移動劇団は産業報国会や産業組合などの組織の要求に従って移動し、どんな山間僻地にも訪れていたという。〈青島・昭和19年・提供＝那須啓人氏〉

浮田の診療所　昭和12年6月、生目村浮田に農協が設立した診療所で、4畳の病室が4部屋あった。軍帽を被り赤十字マークが付いた白衣を着た男性たちはおそらく傷痍軍人で、看護婦以外にも世話係として雇われた女性たちがいたという。同33年に生目村立となったが、38年に閉鎖された。〈浮田・昭和10年代・提供＝松浦夏菜氏〉

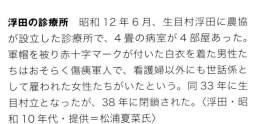

宮崎第一高等女学校の女学生たち　昭和４年生まれの女学生たちが写真館で撮影した。学校のある広島通にはフミタ写真館があった。モンペ姿で胸に校章が付いている。同18年、宮崎高等女学校が宮崎県立宮崎第一高等女学校に、宮崎女子高等技芸学校が宮崎第二高等女学校に改称された。〈広島か・昭和20年頃・提供＝個人蔵〉

江陽高等女学校の勤労奉仕作業　出征兵士の留守宅や戦没者遺族の家の農作業を手伝う女生徒たち。戦時中は農業の担い手である男手は減っていき、全国の学校で学徒は勤労奉仕に駆り出された。戦争末期には子どもたちの学校生活はほとんどが農作業や開墾などの食糧増産に費やされた。〈江平西・昭和15年・提供＝宮崎県総合博物館〉

江陽高等女学校の清武災害復興作業
昭和14年10月の台風により、宮崎測候所では15～16日の２日間で合計降水量657ミリを記録、九州南東部に甚大な被害をもたらした。清武村では清武川の大洪水により33人の死者、数十戸の家屋流出などが発生した。災害対策本部が設けられ、県内各地から人びとが救援に駆けつけた。江平から清武まではかなり距離があったので、徒歩での移動は大変だった。〈清武町内・昭和14年・提供＝宮崎県総合博物館〉

生目女子青年振興隊　生目村女子青年は100人の規模であった。昭和15年2月13日、生目から宮崎神宮へ奉斎作業に出かけて、宮崎神宮の拡張のために切り土や地ならしなどを手伝った。中央には祖国振興隊の幟が立っているが、その一環の作業として八紘《あめつち》之《の》基柱《もとはしら》（現平和の塔）の建設も行った。この時代はまだ全体的にもんぺが普及しておらず、和服に前掛けと手拭い姿が多い。〈神宮・昭和15年・提供＝松浦夏菜氏〉

軍事教練

宮崎高等農林学校学徒の軍事教練　「敵前渡河」を想定した訓練で、銃を持って船に乗っている。学校近隣のため池と思われる。同校では学内の武器室に三八銃を保管していた。〈市内・昭和13年・提供＝吉田教雄氏〉

補充兵訓練後の青年たち　日中戦争開戦４年目に入り、補充兵の訓練として10月４日から８日まで住吉で射撃演習などが実施された。訓練最終日は宮崎神宮へ参拝した後、宮崎県庁玄関前で橘分会員による記念撮影が行われた。連日の訓練に青年たちは真っ黒に日焼けしている。〈橘通東・昭和15年・提供＝南里晋亮氏〉

雨天時の木銃による演習　昭和18年５月27日、雨の中、橘橋北詰の路上で、剣道の胴を着け、ゲートルを巻き、木銃による演習を行う。〈橘通・昭和18年・提供＝南里晋亮氏〉

フォトコラム・八紘之基柱の建設

竣工式の日にライトアップされた八紘之基柱《あめつちのもとはしら》　昭和 15 年に高松宮宣仁親王《たかまつのみやのぶひとしんのう》を迎え、紀元二千六百年奉祝記念・竣工式が行われた。当日は、宮崎神宮神域拡張事業竣工奉献式なども実施されている。夜にはライトに照らされ、全方位からその姿を見ることができた。〈下北方町・昭和 15 年・提供＝吉田教雄氏〉

昭和十二年七月に第二九代県知事として赴任した相川勝六《あいかわかつろく》は、全国的に国民精神総動員運動が展開されるなか、紀元二千六百年記念事業の一環として、永久に残るような壮大な建造物を作りたいという考えから、「八紘之基柱《あめつちのもとはしら》」の建設を提唱した。場所は皇宮屋《こぐや》のある宮崎市下北方《しもきたかた》である。

基柱のデザインや構造は、若く秀でたデザイナーに依頼し、立体模型によって形を決めたいと相川が提案し、日名子実三《ひなごじつぞう》（大分県臼杵生まれ）に依頼することに決まった。また、相川は日本をはじめ世界の罪などを祓うことを理想として、御幣《ごへい》をデザインの基調とするよう依頼し、さらに神武天皇の言葉とされる「八紘一宇《はっこういちう》」の文字を刻もうと考えた。その後、日名子は東京池袋のアトリエで制作を行い、立体模型を造りあげた。また、設計仕様書は、日本大学講師の南省吾《みなみしょうご》が完成させた。

「八紘之基柱」は、昭和十四年五月二十日に起工し、翌十五年十一月二十五日に竣工した。竣工式には高松宮宣仁《たかまつのみやのぶひと》親王を迎え、紀元二千六百年記念行事として行われた。

基柱は鉄筋コンクリート石張りで、高さは礎石から一二〇尺（約四〇メートル）ある。正面に秩父宮揮毫《ちちぶのみやきごう》の「八紘一宇」の一文字ずつ刻まれた石が配置され、四方に荒御魂《あらみたま》（武人）・和御魂《にぎみたま》（工人）・幸御魂《さちみたま》（農人）・奇御魂《くしみたま》（漁人）の四魂像、四隅には篝火台《こうかだい》が設置された。総工費六七万円は県内外からの寄付でまかなわれ、延べ人員六万人を超えるとされる作業の労働力には、祖国振《そこくしん》興隊《こうたい》が動員された。

太平洋戦争後の昭和二十一年一月、GHQの政教分離指令によって荒魂像が破壊され、「八紘一宇」の文字石は撤去された。その後、東京オリンピックの聖火リレーの起点地に宮崎県が選ばれ、戦後「平和台」と改称された台地にある基柱が出発地となった。そのため同三十七年十月に荒御魂像が復元されると、政財界を巻き込んで「八紘一宇」文字の復元が議論され、三十九年の聖火リレー時には間に合わなかったが、四十年一月に実現した。

こうして、現在の平和台と平和の塔になったのである。

（籾木郁朗）

有吉《ありよし》 忠一《ちゅういち》一元知事が基礎工事を視察　明治44年から大正4年に在任した第13代宮崎県知事・有吉忠一は、近代宮崎県の基礎をつくった人物である。宮崎県を去った後も、宮崎の人びととつながりを持ち続け、昭和14年9月に宮崎県を訪れた際には、基礎工事中だった八紘之基柱の工事現場を視察した。〈下北方町・昭和14年・提供＝石川悦子氏〉

建設工事　昭和14年5月に起工式が行われ、大林組が工事を請け負った。6月に始まった工事は、用地の地ならし作業から始まり、基礎・基底部の工事、コンクリートの流し込み、足場の設置等が行われ、塔の建設が進められた。〈下北方町・昭和14年・提供＝埴原善和氏〉

建設用地の地ならし作業をする祖国振興隊の人びと
八紘之基柱は、建設費用を寄付に頼り、昭和12年に結成された祖国振興隊の勤労動員が前提となっていた。写真の右端になびいているのは祖国振興隊の隊旗で、白地に三本の横線（神代三代を表す黒線）を配したデザインである。〈下北方町・昭和14年・提供＝埴原善和氏〉

完成記念式典　昭和15年11月15日に八紘之基柱は完成し、25日に八紘之基柱竣工式典が開かれた。秩父宮による揮毫《きごう》「八紘一宇」の除幕などが行われ、その後式典が続いた。写真の添え書きによれば、式典で壇上にいるのは、当時の宮崎バス株式会社社長・岩切章《いわきりしょう》太郎《たろう》。〈下北方町・昭和15年・提供＝那須啓人氏〉

大日本国防婦人会の記念写真　大日本国防婦人会は、満州事変後の昭和7年に組織された女性の団体で、「国防は台所から」をスローガンに、会員は割烹着で銃後の活動を行った。前3列の割烹着を着た女性たちは「大日本国防婦人会」と書かれた襷を身につけている。〈下北方町・昭和10年代後半・提供＝横山伴子氏〉

八紘之基柱の立体模型と日名子実三《ひなこじつぞう》　八紘之基柱をデザインした日名子実三（大分県臼杵市生まれ）が、立体模型制作後の昭和 14 年頃に撮影した写真。東京美術学校に学んだ日名子は、発案者である相川勝六《あいかわかつろく》知事の意向に応え、御幣《ごへい》をもとにした塔をデザインし、立体模型を制作した。〈東京都池袋か・昭和 14 年頃・提供＝埴原善和氏〉

「八紘一宇」の文字と武人像が撤去された「平和の塔」　昭和 32 年、八紘之基柱は平和の塔に改称された。前列右端の女性は宮崎交通の腕章を付けており、観光案内か。戦後 GHQ（連合国最高司令官総司令部）の指令により荒御魂像と「八紘一宇」の文字が撤去されたが、同 37 年と 40 年にそれぞれ復元されている。〈下北方町・昭和 30 年代・提供＝池田祐子氏〉

市民が写した身近な出来事

昭和天皇巡幸①　昭和天皇は戦災者慰問や戦後復興支援のため、昭和21年2月から全国巡幸を開始。同24年5月19日からの九州巡幸では、6月4日夕刻に宮崎に到着され、お泊所である紫明館（現大淀大橋北詰付近）へ移動された。〈橘通・昭和24年・提供＝石川悦子氏〉

本章に収められているのは戦後の宮崎市が経験した高揚感であり、人びとの勢いである。このことは同時に、宮崎市が他の府県と同様に戦後を経験したことを示してもいる。

たとえば、戦後に至っても、否、戦後だからこそ天皇をはじめ皇族の日本各地へのお出ましは、熱狂であれ野次馬であれ動員であれ、市井の膨大な数の人びとから溢れ出るエネルギーの発露を可能にした。一市民でも天皇を写真に収めることができる時代が到来し、皇族は、まるで映画スターのように日本中で熱狂的な群衆からカメラを向けられるようになった。宮崎市の人びともまた、日本中の人と同じように皇族を写真に収め、記録として残した。こうすることで、宮崎が他の自治体から劣後も取り残されもしていないことが訴えられた。

したがって本章所載の写真から見た宮崎市とは、他府県並に皇族がお成りになり、青年団活動も盛んで、他府県並に移動図書館が導入され、合唱コンクールが行われるなど文化的な理解も進んでいる。他府県並に八頭身美人が来訪し、映画ロケも行われる。デモだって盛んである。もちろん東京オリンピックの聖火リレーも通過する。このような自治体なのである。

言い換えれば、敗戦直後の文化芸術への憧憬が芸能や娯楽へとシフトしていくとともに、青年団や労働運動などへの人びとの「真剣」な思いが、所得の増加や国家をあげての祝祭行事に回収されていくような、昭和戦後期に特有の大衆消費社会化を、宮崎市「も」経験していたことしか写真には示されていない。他府県との違いは、極論すれば写っている場所が宮崎であるというだけで、写っている内容はごくごく普通の経験でしかない。

このように書けば、まるで収められた写真に価値がないかのように思われるかもしれない。しかしそうではない。これらの写真から汲み取るべきは、他府県並の経験がどれほど地理的に恵まれないこの市にとって切実に待望されていたか、また、その達成がどれだけ熱狂や歓喜をもって迎えられたか、という当時の人びとの衒《てら》いのない感情である。さらに言えば、こうした他府県並を希求する感情は「おらが町」への拘《こだわ》りをも喚起し、高岡町の町民祭や体育大会のような集落単位の催しの数十年に上る一貫した盛り上がりを招来した。このような当時を生きた人びとの複雑な感情や経験が、残された写真には写り込んでいるのである。

（金子龍司）

昭和天皇巡幸②　昭和天皇巡幸時の車列。複数のバスを従えた10台程度の大規模なものだった。沿道で奉迎する人たちが手にする日の丸は、この年の1月に掲揚が解禁されたばかり。昭和天皇は5日に青島、6日に宮崎神宮などを訪れ、延岡へ向かわれた。〈市内・昭和24年・提供＝石川悦子氏〉

相撲興行　昭和22年2月、日本少女歌劇座の島興業が、直近の21年秋場所で優勝した横綱羽黒山と同じく横綱の照國を招聘し、宮崎県営グラウンド（現宮崎北警察署付近）で開催したもの。ムシロを敷いた観客席をさらに立ち見客が取り囲んでいる。ラジオの宣伝により市外からも観客が訪れ、入場者数は2万5,000人に上った。〈錦本町・昭和22年・提供＝冨永伸二氏〉

文化人の肖像　宮崎出身の文化人たちの宮崎県立図書館での会合。前列右には詩人で日向日日新聞文化部長などを歴任した神戸雄一、隣に小説家・詩人であり宮崎日日新聞社長を務めた黒木清次の顔が見える。〈橘通東・昭和 25 年頃・提供＝原田解氏〉

那珂村役場落成記念　町村制に伴う「明治の大合併」の一環として２村を合併して発足した那珂村は、町村合併促進法にもとづく「昭和の大合併」の一環として昭和 30 年に佐土原町と合併した。那珂村役場として新築されたこの建物も撮影の５年後に役目が変わり、支所として利用されることとなる。現在の佐土原地域福祉センター辺りに建っていた。〈佐土原町東上那珂・昭和 25 年・提供＝青山功氏〉

宮崎県総合文化祭　昭和23年に制定された文化の日を中心として、宮崎県教育委員会は同年「宮崎県文化祭」を立ち上げ、25年には規模を拡大して「総合文化祭」とした。毎年音楽、劇団の公演や美術展などが催された。写真の教育会館は平成20年に解体され、現在跡地には宮崎県防災庁舎が建っている。〈橘通東・昭和20年代半ば・個人蔵〉

西部合唱コンクール　昭和21年、広島、山口、九州各県からなる西部合唱連盟（現全日本合唱連盟九州支部）が発足。同22年以降各県の持ち回りでコンクールを開催していった。28年には宮崎県公会堂が会場となり、11月1～2日の2日間にわたって開催された。受付などを担当した女性たちが記念撮影。〈橘通東・昭和28年・提供＝那須啓人氏〉

自動車文庫やまびこ号　自動車文庫は、図書館が遠いなど読書の機会に恵まれない人びとのため、昭和 20 年代に全国的に導入された施策である。宮崎県立図書館では、「やまびこ」と名付けられた自動車文庫が、同 29 年から運行を開始した。県下 78 市町村を 2 カ月ごとに巡回し、図書資料の運搬のみならず、映写会、講演会など社会教育活動も行った。〈市内・昭和 30 年代・提供＝原田解氏〉

下北方保育園の母の会　昭和 22 年に公布された児童福祉法を背景として、市内に陸続と保育施設が開設された。各施設では母の会が組織され、保育園との連絡および家庭間の親睦が図られた。下北方保育園母の会では、季節ごとのイベントで舞踊を披露したという。〈下北方町・昭和 29 年・提供＝富永泰子氏〉

青年団指導者講習会　戦後の高等学校への進学率は、昭和29年にようやく50パーセントを超えたばかり。義務教育課程終了後の勤労青年層の受け皿となっていたのが地域ごとに組織された青年団で、同年の宮崎市内には15の青年団が存在した。住吉村の青年団代表者向け講習会での記念撮影。〈島之内付近・昭和29年・提供＝長友浩教氏〉

成人式　昭和23年に公布、施行された祝日法により、1月15日が成人の日と定められた。同30年1月の撮影であり、昭和ひと桁およびふた桁生まれが混在する学年である。女性の洋装も一般的であったことがわかる。男性は学生服姿も目立つ。〈島之内付近・昭和30年・提供＝長友浩教氏〉

宮崎郡内青年団協議会体育大会　地域の青年団の上位団体として、市郡に青年団協議会が置かれていた。住吉村の体育大会三連勝の記念撮影だが、30年時点で開催回数は9回を数えており、郡単位での活発な活動振りがうかがえる。〈市内・昭和30年・提供＝長友浩教氏〉

伊東絹子来る　昭和28年、ミス・ユニバース世界大会で3位に入賞した伊東絹子は、「八頭身美人」と称された。右端が伊東、右から2番目がモデルの相島政子、3番目が同じくモデルの香山佳子、左は天才バイオリニストの鰐淵晴子・朗子姉妹とその母。同30年2月25日、日向日日新聞等主催のファッションショー出演のため来宮した一行は赤江飛行場に降り立つと、花束の贈呈を受けた。〈赤江・昭和30年・提供＝那須啓人氏〉

東映劇場にて　伊東絹子ら一行は2月26日に延岡、27日に宮崎の東映劇場でそれぞれ昼夜3回公演のファッションショーを開き、鰐淵賢舟と晴子・朗子親子らのバイオリンリサイタルが花を添えた。女性ばかりの観客は伊東が登場すると破れんばかりの歓声を送ったという。〈橘通西・昭和30年・提供＝那須啓人氏〉

ルナパーク孔雀園　日本少女歌劇座を運営する島興業が経営した遊園地で、左に花輪があることから開園間もない頃か。写真右下には汽車、右上は飛行塔、花輪の奥にはロケット・ウェーブが写り込んでおり、遊具がひしめくように設置されていた。〈末広・昭和 30 年・提供＝冨永伸二氏〉

みんなで美容体操　昭和 29 年、NHK は主婦をターゲットとした「美容体操」の放送を開始し、指導者である竹腰美代子の歯切れの良い語り口が人気を博した。写真は宮崎小学校の講堂で、竹腰の後ろ姿が写る。男性たちは写真後方で見物を決め込んでいる。〈旭・昭和 30 年・提供＝那須啓人氏〉

高岡町開庁式　99 ページの那珂村と同様に「明治の大合併」の一環として周辺町村を合併して高岡村および穆佐村が設置され、のち高岡村は大正 9 年に高岡町となる。昭和 30 年 4 月 1 日に「昭和の大合併」の一環として高岡町と穆佐村が対等合併して新たな「高岡町」が誕生し、写真の高岡町庁舎での開庁式を迎えた。〈高岡町内山・昭和 30 年・提供＝天ケ城歴史民俗資料館〉

高岡町民祭　毎年11月下旬に開催され、昭和30年には高岡町と穆佐村の合併祝賀を冠した。写真中央奥の大の丸橋前交差点のアーチ式看板下を鉢巻き短パン姿の男性がくぐり抜け、何台もの自転車が追いかける。駅伝だろうか。〈高岡町飯田・昭和30年・提供＝天ケ城歴史民俗資料館〉

ダンスパーティー　宮崎市にダンスホールが生まれたのは昭和7年。戦後は映画に次ぐ社交娯楽として34年時点で市内に6軒が営業し、1日の平均利用客4,000人、うち70パーセントを10～20代が占めた。末広にあった「孔雀」にて、成人の日を祝うダンスパーティーのようす。〈末広・昭和30年代・提供＝冨永伸二氏〉

宮崎県公会堂　大正 12 年に県庁前に建てられた公会堂は、戦前の二大政党の支部大会や戦後の婦人団体の大会など「言論のアリーナ」として機能したほか、音楽、演劇など文化芸術の舞台ともなったが、昭和 44 年に取り壊された。写真は、山田流箏曲の師範だった財部琴子の演奏会。〈橘通東・昭和 20 ～ 30 年代・提供＝多田将氏〉

梵鐘再建を祝う　戦時中の金属供出は不要不急の線路や銅像、さらには寺院の梵鐘にまで及び、全国の寺院は献納前に撞納式を行った。戦後、軍需品に転用された梵鐘が全国で再建され、昭和 31 年には下北方の帝釈寺でも再建された。その祝賀行事で、女性たちが舞踊を披露している。〈下北方町・昭和 31 年・提供＝富永泰子氏〉

デモの季節　県庁前で撮影された一枚。労働三法の制定により労働運動が活性化し、県内では昭和 31 年に 366 組合、58,916 人の組合員が存在した。幟がひしめきあい、「完全昇給昇格」のプラカードが掲げられているため、春闘の労使交渉支援の光景だろう。〈橘通東・昭和 31 年頃・提供＝青山功氏〉

宴会風景　青島にあった旅館・南風荘にて。市が市政記者団を招待した宴席で、写っているのは市の商工観光課長、係長らと朝日、毎日、日向日日、西日本新聞の各記者や NHK の放送記者、それに接待役の女性。〈青島・昭和 31 年・提供＝那須啓人氏〉

菊人形博　菊人形展は大阪枚方をはじめ昭和期に各地で人気を集めていた。ルナパーク孔雀園では、昭和 31 年に県、市の協賛を取り付け、「南九州最初最大」との触れ込みで「宮崎菊人形博」を開催。宣伝カーは、県内を股にかけて巡回した。後ろは日向日日新聞本社。〈高千穂通・昭和 30 年頃・提供＝冨永伸二氏〉

青島神社の裸まいり　旧暦の 12 月 17 日に海水で身を清める禊の神事。駆け足での参詣は今も変わらないが、70 年前には白ハチマキと白足袋は必須ではなく、柄入りの浴衣やズボンの着用も許されていたようだ。〈青島・昭和 32 年・提供＝那須啓人氏〉

U コン競技　エンジン搭載の模型飛行機を 2 本のワイヤーで操縦する U コンは、ラジコンが誕生するまでの間大きな人気を博し、新聞社などが主催する競技会が各地で開かれた。宮崎空港で競技に見入る人たちは全員が男性である。〈赤江・昭和 32 年頃・提供＝鳥丸洋氏〉

高岡町民祭の弓道大会　高岡町民祭では婦人会がバザーを開催するなど、女性の参加も活発で、女性の弓道大会まで開催されていた。このイベントが成り立つほど、当時は町民に弓道が普及していた。〈高岡町内・昭和 32 年・提供＝天ケ城歴史民俗資料館〉

3回目の行幸　昭和天皇の行幸は、昭和10年と24年に続いて3回目で、この時は皇后を伴われた。4月9日に大分から宮崎駅に到着されると、合図の花火が打ち上げられ、伝書鳩が放たれた。先導は宮崎駅駅長。この後、宮崎神宮へ向かわれ、沿道では市民7万人がお迎えした。〈錦町・昭和33年・提供＝萩原健太氏〉

拝謁　昭和天皇皇后は宮崎神宮で玉串を奉典されたのち、黒松、赤松の種をお手まきされた。参道では市町村遺家族代表200人が、社務所裏では県下林業関係者200人がお迎えした。翌10日は、産業奨励館や児童福祉園、農業試験場等をご視察され、再び宮崎駅から鹿児島に発たれた。〈神宮・昭和33年・提供＝富永泰子氏〉

橘百貨店従業員がサイクリングへ　木花橋にて。子どもとサイクリングを楽しむのは橘百貨店の従業員たち。橘百貨店は昭和 27 年に県内資本による初の本格的なデパートとして開店。同 33 年当時の従業員数は 432 人であった。家族を交えたレクリエーションなど、組合活動の活発さがうかがわれる。〈熊野・昭和 33 年・提供＝猪俣広宣氏〉

10 マイルロードレース　全国 46 カ所で一斉に開催された日本 10 マイルロードレース名誉賞大会のようすで、前列左端のゼッケン 106 番は広島庫夫選手。県内旧北郷村出身で、旭化成に所属し、朝日国際はじめ各マラソン大会で優勝した当時の日本記録保持者であった。後ろには金城堂菓子店などが写る。〈橘通東・昭和 33 年・提供＝南里晋亮氏〉

親子遠足　佐土原町の大炊田浜海岸は、戦前期から町内の小学校の遠足先であったが、戦後もなお町民のレクリエーションの場であり、憩いの場であった。町の親子遠足でのひとコマで、浜には「東春田」「堤」など集落名が書かれた看板が立てられている。〈佐土原町下田島・昭和33年・提供＝青山功氏〉

日活映画「口笛が流れる港町」　昭和34年公開の「ギターを持った渡り鳥」に続く、小林旭主演の渡り鳥シリーズ第2作。宮崎市がロケ地となり、劇中ではデパート前ロータリーや、橘橋北詰などで繰り広げられる宮崎神宮大祭のようすも捉えられている。写真は宮崎空港でのロケ風景で、左からヒロインの浅丘ルリ子、山内明、小高雄二である。〈赤江・昭和34年頃・提供＝井内節子氏〉

パレード　県庁前の楠並木通りを、バトンガールが先導し、軍服姿の吹奏楽団が続く。米軍軍楽隊が来日した際のパレードとのこと。物々しいSPが周囲を警戒している。バトンガールが市内に初お目見えしたのは昭和37年の神武天皇祭の祝賀パレードだった。〈橘通東・昭和30年代後半・提供＝清水岩生氏〉

県庁新館建設工事　現宮崎県庁は二代目の庁舎で昭和７年竣工（写真正面）。近世ゴシック式、地上３階地下１階建で、大林組が工事を請け負った。地上９階地下１階建の新館（現一号館、写真左）は、同37年に熊谷組により竣工した。〈橘通東・昭和36年頃・提供＝清水岩生氏〉

庵屋橋　昭和28年に竣工した木製橋だったが、同36年10月26日の集中豪雨により流失した。39年に現在の鉄筋コンクリート橋が完成した。〈清武町船引・昭和36年・提供＝宮崎市〉

はにわ園来園者第一号　皇太子（現上皇）ご夫妻が、昭和37年５月に空路にて初めてご来宮された。２日に到着し、同日に宮崎県庁、宮崎神宮を訪れた後、平和台にも立ち寄られた。完成したばかりのはにわ園では、初めての来園者としてお二人をお迎えした。〈下北方町・昭和37年・提供＝黒葛原哲氏〉

市民の前を通る御料車　皇太子ご夫妻は延岡、青島などを回られ、5 日に鹿児島へ向かわれた。宮崎市は、すでに昭和 35 年に新婚の島津貴子（昭和天皇第５皇女）ご夫妻もお迎えしていたが、「ミッチーブーム」で宮崎ご来訪が報道されたこともあり、こののち新婚旅行のメッカとして全国的に知られるようになる。〈橘通東付近・昭和 37 年・提供＝小川悦子氏〉

一ツ瀬橋の架け替え　昭和 20 年代、度重なる台風により県内の主要河川の木造橋梁はたびたび流失し、災害復旧事業による主要橋梁の「永久橋」への架け替え工事が進められた。一ツ瀬橋は、工費２億 6,000 万円をかけて同 38 年４月に竣工した。写真左は木製の旧橋。〈佐土原町下田島・昭和 38 年・提供＝青山功氏〉

聖火が到着した宮崎空港　昭和 39 年 9 月 9 日、全日空 YS-11・通称「オリンピア」が、沖縄、鹿児島を経て宮崎に東京オリンピックの聖火を輸送した。空港では市内小中学生 3,500 人を含む 1 万 5,000 人が日の丸や歓迎旗を携え出迎えた。聖火は宮崎神宮で安全祈願を行ったのち、平和台へ継走された。〈赤江・昭和 39 年・提供＝忠平悦子氏〉

東京オリンピックの聖火歓迎　9 月 9 日の聖火リレー通過後、市内では橘通 5 丁目と中村町 2 丁目の南北両方面から計 1,300 人の小学生鼓笛隊がリレー中継点の県庁前まで行進し、聖火の到着を祝福した。写真は大淀小学校の鼓笛隊で、橘橋を渡り県庁前まで行進した。〈市内・昭和 39 年・提供＝青山功氏〉

市内を走る聖火リレー　9 月 10 日、平和台で出発の式典後、聖火は北に向かった。県内では各市町村から 20 人ずつが選抜されて 1 班を組み、計 98 組約 2,000 人が聖火を運んだ。聖火は 11 日に大分県境を越え、10 月 8 日に東京都庁に到着した。〈花ケ島町・昭和 39 年・個人蔵〉

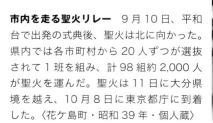

年末の風物詩　昭和 26 年から NHK が歳末たすけあい運動を開始するなど、年末は募金の季節となった。写真は山形屋前、キリスト教社会奉仕団による募金活動で男子中高生が募金を呼びかけている。幼いきょうだいを背負った小学生女子が募金箱にお金を投じている。〈橘通東・昭和 43 年・提供＝鳥丸洋氏〉

ガイドのバトンチーム　昭和 43 年、宮崎市を訪れる県外客は 200 万人を超えた。迎える宮崎交通では、以前から市民向けの観光事業を立ち上げ、青島へのトワイライトツアーである納涼バスを同 30 年から運行していた。前夜祭を伴う大型企画で、写真はそのパレードのようすか。後ろには井上商店が写る。〈大淀・昭和 43 年頃・提供＝鳥丸洋氏〉

高岡町民体育大会　高岡町公民館主催の町民体育大会で、去川小学校の児童が踊っている。白鉢巻、扇子、襷掛けの浴衣に足袋、草鞋。凝った衣装やグラウンドを取り巻く人の多さから、盛り上がりが見てとれる。〈高岡町内・昭和 44 年・提供＝天ケ城歴史民俗資料館〉

町内駅伝大会　戦後、全国の各町村の社会教育の拠点として公民館が設置された。高岡町の公民館では、町内一斉清掃、球技大会などのほか、町内駅伝大会も開催していた。下高岡バス停前にて。〈高岡町五町・昭和 44 年・提供＝天ケ城歴史民俗資料館〉

ウルトラ兄弟と子どもたち　身長 40 メートル、体重 3 万 5,000 トンのはずのウルトラマン（左）とウルトラセブン（右）を親子連れが取り巻く。撮影時には『帰ってきたウルトラマン』が放送中だった。〈市内・昭和 47 年・提供＝佐藤智子氏〉

高岡町役場庁舎前にて　明治 22 年町村制施行により発足した高岡村は、大正 9 年に高岡町となり、同 15 年には明治 44 年築である東諸県郡役所の庁舎を引き継いだ。築 63 年の庁舎を前に、約 160 人の職員が納まる。庁舎内部のようすは 104 ページを参照。〈高岡町内山・昭和 49 年・提供＝天ケ城歴史民俗資料館〉

鎌ケ迫池の池干し　人が入れる程度まで池の水を抜き、大塚町内の農家が総出で池に入り、泥を撹拌しながら魚を採取し、泥水を抜き、池の貯水量を保つ。写真奥では山肌が削られ宅地開発が進む。この池も昭和56年には一部が埋め立てられて大塚中学校が新設された。〈大塚町・昭和52年・提供＝谷口昌広氏〉

高岡町の第3回婦人大会　女性たちが高岡小学校校庭に吊り下げられた食べ物をいち早くくわえて走る。踏板を使って高さを調節しなければならず、難易度は高い。〈高岡町内山・年代不詳・提供＝天ケ城歴史民俗資料館〉

大の丸橋の渡り初め　高岡と高浜を結ぶ要衝である大の丸橋は、市内では橘橋に次いで昭和14年には鉄筋コンクリート製の橋梁が竣工していた。しかし交通量の増加などへの対応から、同54年に歩車分離の新橋に架け替えられた。〈高岡町飯田・昭和54年・提供＝天ケ城歴史民俗資料館〉

ミス宮崎博が揃い踏み　本博覧会では宣伝と会期中の貴賓接待のために県内各地からミス宮崎博６人が選出された。身に着けているのは宮崎デザイナークラブが制作した金茶色のワンピースに婦人帽、白レースの手袋。県内はもとより鹿児島熊本にまで宣伝カーで出動した。〈市内・昭和 29 年・提供＝多田将氏〉

フォトコラム・南国宮崎産業観光大博覧会

天孫降臨の地・高千穂を擁する宮崎県は、戦前期には日本の祖国日向と称された。昭和十五年の紀元二千六百年奉祝事業では、八紘一宇の塔が建設されるとともに河川開発や電源整備が行われるなど、「皇室ブランド」を活かした経済発展が志向されていた。同八年に市内大淀川河畔で開催された祖国日向産業大博覧会もまた、産業振興や県内の聖蹟をアピールするためのものであった。戦前期に観光に主軸が置かれなかったのは、大都市から離れ交通の便に恵まれない宮崎の地理的な特殊性によるものであった。

この状況を転換させたのが大日本帝国の敗戦であった。教育勅語の失効や神道指令により国家神道が否定され、宮崎は「皇室ブランド」への依存が不可能となる一方で、南洋群島、台湾、沖縄などの領地が失われたことにより、南国イメージの前面化が可能となった。これにより観光を利用した産業振興へとシフトチェンジが行われた。

その象徴が南国宮崎産業観光大博覧会である。本博覧会は、宮崎県、宮崎市、県内各市町村が共催し、昭和二十九年十月から十二月までの五二日間、市内船塚で開催された。目的はドッジ不況の克服とされた。注目すべきは「南国」「観光」を冠していることであり、特に前者は「終戦後沖縄や台湾を失つた日本人に、熱帯樹茂る青島は、相当の魅力となつており、又日本民族の血液の中には、南方への懐古性が流れている」ことを考慮したという。

ただ、展覧の主要目標はあくまでも「宮崎県民の啓蒙」に置かれた。会場には「伸びゆく宮崎館」を始め二二のパビリオンや遊園地が設けられた。会場のコンセプトのひとつには「電源王国、宮崎の印象を強める為、全会場に亘り照明及び電動施設等を出来る限り誇示する」こともあげられた。宣伝のためにミス宮崎博が選定されて県内外を巡回し、日向音頭も制定された。野外演芸場では連日日本少女歌劇座の公演が行われたほか、西崎緑社中の日本舞踊、宗家天勝の奇術などが開催された。会場全体では写真コンクール、森永デー、感謝デー等の催物も行われた。

来場者数は四二万四九七四人、うち県外客は六万一一九人（約一四パーセント）。しかし本博覧会に見られた南国イメージや観光政策の前面化は、やがて新婚旅行ブームへと結びつき、そこでは県外客誘致の傾向が強まることになる。

（金子龍司）

「ミス宮崎博」審査風景　現高千穂通２丁目の産業奨励会館での審査風景。ミス宮崎の選考基準は、18 歳から 25 歳までの新制高校または旧制高等女学校卒業程度、身長 155 センチ以上で、「真に宮崎県を代表するに足る女性」というもの。地方選考や、博覧会事務局での写真選考を経て、最終の面接選考に進んだ。〈高千穂通・昭和 29 年・提供＝那須啓人氏〉

「子供の国」で記念撮影　会場中央部の「子供の国」には、「ワンダーホイル」「飛行塔」などの遊具や売店が設けられた。写真背景の柵内には「お猿の汽車」の線路が敷設されており、その奥には自動車型の回転遊具「ロマンスウェーブ」が見える。〈船塚・昭和 29 年・個人蔵〉

ワンダーホイル　観覧車型の遊具で、ゴンドラ 8 台、高さ 7.8 メートルを擁した。森永製菓の広告が目立つが、これは同社が博覧会のタイアップ企業として遊具への広告宣伝を認められていたことによる。会期中には「森永デー」なる催しも開催された。〈船塚・昭和 29 年・個人蔵〉

飛行塔　高さ 15 メートルの鉄塔から 4 基の飛行機を吊り上げ回転させる、一番人気の遊具であった。子どもよりも大人に好評で、塔の前には終日長蛇の列ができた。大人がカメラに向けポーズを取る一方で、女の子は不安そうに地面を眺めている。〈船塚・昭和 29 年・提供＝那須啓人氏〉

戦後の学び舎の記憶

住吉中学校　昭和 22 年開校。開校当初は生徒数 340 人、学級数 6 つ、1 クラス 50 人以上のすし詰め状態の教室であった。写真は 1 年C組で、ほとんどの男子は上衣は国民服で、学帽や国民帽を被っている。中央に座る教師 2 人はネクタイにスーツだが、右端に立つ教師は国民服である。〈島之内・昭和 23 年・提供＝長友浩教氏〉

敗戦により連合国軍の占領下におかれた日本は、教育改革によって戦時教育体制を根本から改めることとなった。最も注目を集めたのが六・三・三・四制による学校体系の改革であった。小学校を六年とし、卒業後はすべての子どもが中学校に入学する制度とした。また国民学校高等科と青年学校とを中等学校の初めの三学年と合わせて新制中学校に改編し、ここまでを義務教育とした。さらには旧制中学校、高等女学校、実業学校の種別があった中等学校を三年制の高等学校とした。複線型の教育から単線型の教育へと大きく変化したのである。そのような大きな変化の中でも、児童や生徒たちが明るくたくましく生きていく姿を多くの写真が伝えている。

改革の影響は集合写真にも表れている。戦前戦中の写真は、担任や教師陣が最前列もしくは中央に陣取り、威厳を示すがごとくに厳格な顔つきで座っているものが多い。それに対し、戦後は教師は集団の後方もしくは子どもたちのそばに寄りそったり、児童や生徒たちの中に入って一緒に微笑んだりする写真が増えていく。教師と子どもたちとの関係にも変化が生じていたのである。

児童、生徒たちの足元に注目してほしい。戦後間もない昭和二十三、四年の写真では靴下、足袋、もしくは素足に靴、草履、下駄を履く者が多かった。裸足の者も少なくなかった。同三十年代に入ると裸足の生徒はいなくなり、多くは靴を履いている。団塊の世代が小学生になる三十年代前半には国内総生産が戦前の水準を上回り、「もはや戦後ではない」といわれ高度成長期へと歩みを進める時期であった。それは小学生の足元の変化からも読み取ることができる。

校舎も昭和二十七年に宮崎小学校に初めて鉄筋三階建ての校舎が誕生し、同三十五年には宮崎西中学校に鉄筋校舎が完成した。また、三十年代以降は、体育館やプールが整備されるなど、教育環境も急速に改善されていった。

現在は少子化の影響で小学校の統廃合がすすんでいる。学校に保存されている貴重な写真が散逸する可能性は高まり、この章に収録されたような写真の存在価値はますます重要となってくるであろう。

（竹村茂紀）

宮崎第一高等女学校生徒と青島　青島を取り巻く鬼の洗濯板が見える。女子だけでなく男性教員も上下一体型の水着を着用している。昭和 30 年代になると海水浴がさらに一般的になり、多くの人が青島海水浴場を訪れるようになった。〈青島・昭和 21 年頃・個人蔵〉

宮崎師範学校附属小学校の教室　現宮崎大学教育学部附属小学校。研究発表会の後だろうか、壁には「昔のかへい」「日本の貿易」などと書かれた紙が貼られ、皆それぞれ算盤や教科書などの学習用具や補助教材を持っている。〈花殿町・昭和 23 年頃・提供＝佐藤智子氏〉

大宮小学校の校庭で　クラスメイトと仲良く撮影。戦後の苦しさが残る時代だが、子どもたちは屈託のない笑顔を浮かべている。当時の子どもたちは、現代の子どもと比べると驚くほどの工作技術を持ち、周りにあるものを使って遊び道具を自作していた。〈下北方町・昭和 23 年頃・提供＝梅崎辰實氏〉

第二宮崎高等女学校　現宮崎工業高校の前身のひとつである。大正 7 年に宮崎郡立技芸女学校として設立、変遷を経て、昭和 18 年に第二宮崎高等女学校となる。同 23 年の学制改革により宮崎大淀高校に統合され、校舎は大淀中学校が転用した。〈天満・昭和 23 年頃・提供＝本田書店〉

宮崎西中学校　昭和 24 年、宮崎中学校の生徒数が激増したため、分割して宮崎西中学校が創設された。写真は旧制県立第一高等女学校から譲り受けた校舎の前で記念撮影した宮崎西中学校の生徒たち。宮崎中学校は宮崎東中学校と改称している。〈原町・昭和 20 年代・提供＝猪俣広宣氏〉

住吉中学校の陸上部　同校の校庭にて。前列中央の顧問の先生は右手にスターターピストルをもっている。男女それぞれバトンを持っているのでリレーの練習中だろうか。女子生徒は提灯ブルマをはいている。〈島之内・昭和 24 年頃・提供＝長友浩教氏〉

大宮小学校のクラス写真　２年３組のクラス写真である。男子児童は坊主、女子児童はおかっぱ頭が当たり前であった。戦後復興期、裸足や草履で校庭を駆け回っていた彼らが、その後の高度経済成長期を支えていくこととなる。〈下北方町・昭和 24 年・提供＝井内節子氏〉

今日は楽しい運動会　宮崎大学宮崎師範学校附属小学校の運動会の日で、朝の登校時に撮影。児童は体操服に鉢巻をして、気合十分である。写真の辺りは放送局通りか和知川原通線付近と思われる。戦時中の運動会は種目も戦時色が濃かったが、戦後は地域のお祭り的な要素を残しながら、児童生徒の自主性を尊重する教育の場となっていった。〈祇園付近・昭和 25 年頃・提供＝富永泰子氏〉

大宮中学校　昭和 22 年に大宮小学校を間借りして開校、同 24 年に現在地に校舎が竣工した。同校は 25 年 11 月 3 日、新学制に伴う優良施設校として文部大臣に表彰されており、写真右上にはその看板が掛けられている。前列男女の座り方が対照的である。〈下北方町・昭和 25 年頃・提供＝長友浩教氏〉

田野中学校　2年生の記念撮影。後ろは新築工事中の新校舎で、生徒も石運びなどで協力した。工事中は近くの小学校の講堂を借り、仕切って教室代わりにして授業を行ったという。当時は500人近い生徒数だった。〈田野町甲・昭和25年頃・提供＝平原哲夫氏〉

檍《あおき》小学校　明治7年に第5大学区第94中学校区第1小学区として開校。同29年に吉村小学校と江田小学校を合併して檍尋常小学校となり、この年を創立年とする。昭和22年に檍小学校と改称した。〈吉村町・昭和20～30年代・提供＝岩切利幸氏〉

吉村保育園　昭和 28 年に浄土院により設立された。同寺の東隣にあったが、平成 30 年に新栄町へ移転、宮崎みなと保育園と改称した。園児たちは記念撮影のため、いつもよりちょっといい服を着せてもらって登園したのかもしれない。〈吉村町・昭和 20 年代後半・提供＝岩切利幸氏〉

宮崎女子高等商業学校の秋季大運動会　現宮崎学園高校である。白いズボンタイプの体操服は当時としては珍しい。赤軍を示す Red の文字がゼッケンにあり、赤い鉢巻を締めている。後方建物の入口上には MIYAZAKI GAKUEN と書かれている。〈昭和町・昭和 27 年・提供＝猪俣広宣氏〉

宮崎大学農学部　宮崎農林専門学校を母体として、昭和 24 年に宮崎大学農学部が発足。発足年の新入生は 229 人であった。同 59 年から木花キャンパスへの移転を開始。広大な跡地は総合文化公園として整備され、63 年に県立図書館、平成 5 年に県立芸術劇場、同 7 年に県立美術館が完成した。〈船塚・昭和 27 年・提供＝青山功氏〉

宮崎大学農林製造科　昭和 21 年、宮崎農林専門学校に農林製造科が新設され、のちに宮崎大学へと統合された。写真は第 2 回卒業生の記念撮影。〈船塚・昭和 25 年・提供＝石川悦子氏〉

宮崎大学学芸学部　明治17年に設置された宮崎県尋常師範学校、大正11年に開校した宮崎県実業補習学校教員養成所、同15年に開校した宮崎県女子師範学校、これら3校を前身とした宮崎大学学芸学部が昭和24年に発足した。同41年に同大学教育学部と改称。63年に木花キャンパスに移転し、跡地には宮崎公立大学（MMU）が設立された。〈船塚・昭和27年・提供＝青山功氏〉

宮崎大学工学部　昭和19年に宮崎県高等工業学校として開校、同年に宮崎県工業専門学校と改称。これを母体として、同24年に宮崎大学工学部が発足した。発足当初は機械工学科、工業化学科、土木工学科の3科で、定員は合計90人であった。61年に木花キャンパスに移転、跡地には宮崎県農協会館JA・AZMホールが建っている。〈船塚・昭和27年・提供＝青山功氏〉

佐土原小学校　同校は文政８年（1825）、現在地に學習館として設立され、撮影の約３年後の昭和 30 年には創立 130 周年を迎えた。真ん中の児童は「佐土原小一B」の板を持っている。〈佐土原町上田島・昭和 27 年頃・提供＝青山功氏〉

宮崎女子高等商業学校の生徒　現宮崎学園高校は、昭和 14 年に設立された宮崎女子商業学院、宮崎高等裁縫女学校が合併し、宮崎女子実践商業学校として設立。その後、変遷を経て同 26 年に宮崎女子高等商業学校となった。さらに 29 年には宮崎女子商業高校へ改組し、翌年から平成 15 年まで宮崎女子高校になる。場所は橘通りか。〈市内・昭和 28 年頃・提供＝猪俣広宣氏〉

赤江保育園　現在の宮崎市赤江地域センターの北隣に建っていた。写真右上の男性は宮崎市役所赤江支所の職員で、サンタクロースに仮装したり餅つきをしたりするなど、同園のイベントに協力していたという。〈宮の元町・昭和28年頃・提供＝横山伴子氏〉

宮崎大学学芸学部附属小学校の運動場で　未整備の運動場だが、でこぼこでも子どもたちは元気に遊んだものだった。前列にはバットとグローブを持っている男子が数人いる。この年からセ・リーグとパ・リーグの優勝チームによる日本ワールドシリーズ（日本シリーズ）が始まり、野球選手に憧れる男子が増えていった。〈花殿町・昭和29年・提供＝富永泰子氏〉

宝塔山にて教師歓迎会　新たに赴任してきた先生の歓迎会で、奥にはすでに酔ったのだろうか寝転がる先生もいる。少し離れたところから児童たちが羨ましそうに見ている。宝塔山からは佐土原の街並みや日向灘が一望でき、現在は遊歩道が整備されて春には桜まつりも開かれている。〈佐土原町上田島・昭和 29 年頃・提供＝青山功氏〉

宮崎小学校 2 年生　昭和 22 年～ 24 年生まれの第一次ベビーブーム世代の子どもたち。同校は 50 人超のクラスが学年ごとに 7 ～ 8 組もあるマンモス校であった。児童たちの後ろには鉄筋校舎が見える。〈旭・昭和 30 年・提供＝四位邦明氏〉

宮崎大学附属中学校の遠足　生徒たちが約 20 キロ離れた大淀川第二発電所まで遠足にやってきた。同発電所の高圧水管を背後に記念撮影。同校は昭和 22 年、宮崎師範学校附属の新制中学校として創立した。〈高岡町浦之名・昭和 30 年頃・提供＝富永泰子氏〉

宮崎大宮高校の仮装行列　当時、運動会などでの仮装行列は盛大なものであった。米軍を模した仮装やモダンボーイとモダンガールなど、生徒たちの個性があふれている。プラカードには「米価値上闘争」「黒白共学騒動」「神武不景気」など社会情勢を反映した言葉が並ぶ。〈神宮東・昭和 30 年代前半・提供＝佐藤智子氏〉

宮崎大淀高校のマラソン　橘橋を駆け抜ける、提灯ブルマを履いた女子生徒たち。この冬季マラソンは男女でルートが違ったという。生徒の中にいる眼鏡の男性は付き添いの先生で、歩道では小学生たちも駆けている。〈淀川・昭和 30 年頃・提供＝男成由香里氏〉

那珂中学校の卒業式　建物入口には「祝卒業」の看板と日の丸の交差旗が飾られており、野球部部員と顧問の先生が記念撮影をした。生徒たちが持つグローブは、親指と人差し指の間に網のあるものとないものとがある。また指先紐もなく、昭和 20 年代から同 35 年頃のものであろう。同校は那珂小学校の南に昭和 22 年に開校し、同 34 年に佐土原中学校と統合された。現在跡地はプチタウン広場や住宅地となっている。〈佐土原町東上那珂・昭和 20 ～ 30 年代・提供＝五代雅浩氏〉

ひかり服装学院　当時の橘通 5 丁目にあった洋裁の専門学校。写真は同校付近にあった法務局（現在の MRT パーキング辺り）前での卒業記念写真。同校は特典として、卒業生は東京文化服装学院に入学できること、研究科卒業生は完全就職ができること等を謳っていた。その後、当時の黒迫町 2 丁目に移転している。〈清水・昭和 31 年頃・提供＝長友浩教氏〉

大宮中学校２年生のクラス写真　男子生徒は制服制帽で統一されているようだが、足元は靴、下駄、裸足、長靴など様々である。女子生徒は私服で、下駄を履いているものもいる。背後の木はワシントニアパーム。現在も校内には巨大なワシントニアパームが植えられている。〈下北方町・昭和 31 年・提供＝井内節子氏〉

空から見た大宮小学校　高度 190 メートルから撮影。同校は昭和 26 年、30 年に増築を繰り返しており、生徒数が増加したことがうかがえる。周辺は畑が広がり、人家はほとんど見当たらない。児童たちは畑のなかの未舗装の道を、草履や下駄や裸足で通学したものであった。〈下北方町・昭和 31 年・提供＝井内節子氏〉

那珂小学校　明治 7 年に東上那珂と西上那珂に設置された小学校を起源とし、同 36 年に東西両校を那珂尋常小学校と改称、37 年に両校を合併し現在地に校舎新築移転する。昭和 22 年に新学制で現校名へ改称した。担任の先生を 4 年生児童が囲んでいる。かつては児童たちの後ろの辺りに奉安殿が建てられていた。〈佐土原町東上那珂・昭和 31 年頃・提供＝青山功氏〉

お別れ遠足　佐土原小学校 6 年生たちが、輪になってお弁当を食べている。一ツ瀬川の河口に近い辺りと思われ、何艘かの船が浮かんでいる。〈佐土原町下田島付近・昭和 31 年・提供＝青山功氏〉

広瀬小学校の1年生　同校は明治2年創立の学習館が起源で、同11年に広瀬小学校と改称、昭和3年には広瀬城跡に移転した。同32年に非常用水兼プールが竣工しており、真新しいプールの前で記念撮影。〈佐土原町下田島・昭和32年頃・提供＝倉永憲禧氏〉

浦之名小学校　明治6年に創立され、大正3年に写真の地へ移転した。ピーク時の昭和34年度には児童数450人を超えていたが、年々児童数が減少し、平成31年に高岡小学校へ統合され、約150年の歴史に幕を下ろした。〈高岡町浦之名・昭和31年・提供＝松浦夏菜氏〉

保育園の創立記念日の行列　佐土原保育園は昭和25年5月1日に開園した。子どもの日のお祝いも兼ねてか、子どもたちが五日町地区の道路を日の丸やこいのぼりを持って歩いている。この頃は五日町地区に町役場があった。同39年に現在地へ移転、跡地は佐土原地区公民館となり、それも現在は閉館となっている。〈佐土原町上田島・昭和32年・提供＝青山功氏〉

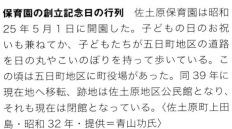

小戸小学校の運動会　運動会が終わり、風船やおみやげを手に持って記念撮影をしたのだろう。前列に座っている男子はほとんどが裸足である。当時は裸足のほうが健康に良く、また足が軽くなって速く走れると信じられていた。〈大工・昭和 30 年代前半・個人蔵〉

雨の日の通学風景　小戸小学校の児童たちである。昭和 50 年頃まではどこも未舗装の道路が多く、ぬかるんだ道を長靴を履いて通学した。〈鶴島・昭和 30 年代・個人蔵〉

元宮保育所ちどり園の運動会　額にお揃いのお面をつけて風船を持ち、保護者とともに記念撮影。頭上には万国旗が揺れている。同保育所は昭和 29 年に設立。同 33 年の定員は 60 人であった。現在はちどり子ども園と改称している。〈南高松町・昭和 30 年代前半・個人蔵〉

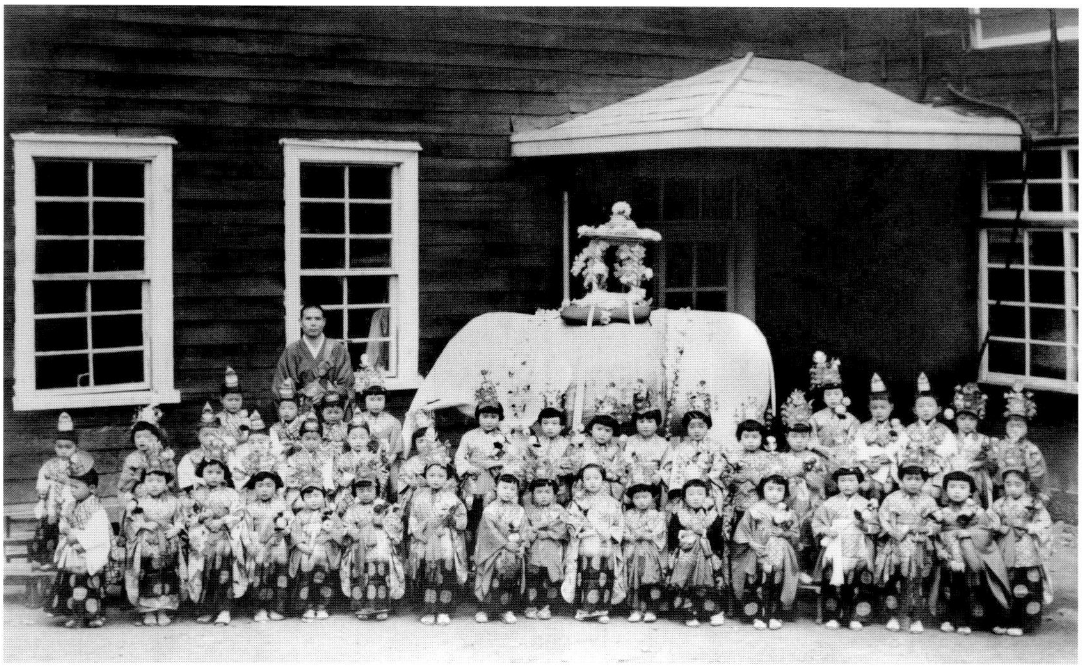

至慶保育園の花祭り　同園は真栄寺により大正 10 年に開園した。4 月 8 日のお釈迦様の誕生を祝う花祭りでの記念撮影。園児たちの後ろにあるのは白象の像で、お釈迦様の母・摩耶夫人は釈迦を産む日に白い象の夢を見たとされる。稚児たちはこの象とともに町内を練り歩いたのだろう。〈神宮・昭和 33 年・提供＝本田書店〉

水筒持参で登校　この年の 8 月は深刻な旱魃に見舞われた。農作物への被害が甚大で、県は干害対策本部を設置した。井戸水が枯れたため、佐土原小学校の児童たちが持参した水筒を掲げている。〈佐土原町上田島・昭和 33 年・提供＝青山功氏〉

移転したばかりの清武小学校　昭和 29 年に竣工した清武町役場の屋上から南西を見ている。中央に写るのは、昭和 31 年に中野地区から移転したばかりの清武小学校で、真新しい鉄筋校舎が目立つ。その奥に同校の木造校舎があり、さらにその奥は清武中学校の木造校舎である。〈清武町西新町・昭和 33 年・提供＝宮崎市〉

宮崎女子高校の生徒が宮崎神宮へ　背後の藤棚の奥に見えるのは新徴古館である。昭和15年の紀元二千六百年宮﨑神宮神域拡張整備事業により建てられたが、老朽化により平成18年に解体された。なお、明治42年に境内東側に竣工した徴古館は現存しており、平成22年に国の有形登録文化財となっている。〈神宮・昭和35年・提供＝井内節子氏〉

宮崎女子高校の円形校舎　建築家・坂本鹿名夫による設計であった。昭和34年に完成し、5階建てで最上階には講堂があった。平成15年に共学の宮崎学園高校になり、この円形校舎は前年の同14年に解体されている。同様の円形校舎は、昭和20年代半ばから30年代半ばにかけて全国で多数建設された。〈昭和町・昭和35年・提供＝井内節子氏〉

去川小学校　明治6年に創立された。昭和34年の児童数は346人であったが、平成20年には14人にまで減少。平成21年に高岡小学校へ統合され、137年の伝統に幕を閉じた。近隣には樹齢800年の去川の大イチョウがあり、同校跡地では毎年11月に去川大イチョウフェスティバルが行われている。〈高岡町内山・昭和34年・提供＝青山功氏〉

倉岡小学校のクラス写真　女子はほぼ私服だが、男子はほとんどが学生服を着ており、学帽を被る子もいる。この頃には洋靴も普及しているようだ。同校は明治6年設立、同42年に現在地へ移転した。〈糸原・昭和35年・提供＝吉田教雄氏〉

佐土原中学校　佐土原小学校の南にあった佐土原中学校と、那珂小学校の南にあった那珂中学校が、昭和34年に統合されて新制佐土原中学校が誕生した。同年には生徒から公募して新校章が決まった。写真では男子全員が学生服だが、詰襟とそうでない制服が混在している。女子生徒はセーラー服のほか、さまざまな服装である。〈佐土原町上田島・昭和36年・提供＝倉永憲禧氏〉

給食の時間　大淀小学校の給食風景である。同校では昭和33年に給食調理室が竣工して学校給食を開始した。同30年代の給食はコッペパンと脱脂粉乳におかずが一品というのが標準的であった。〈淀川・昭和37年頃・提供＝青山功氏〉

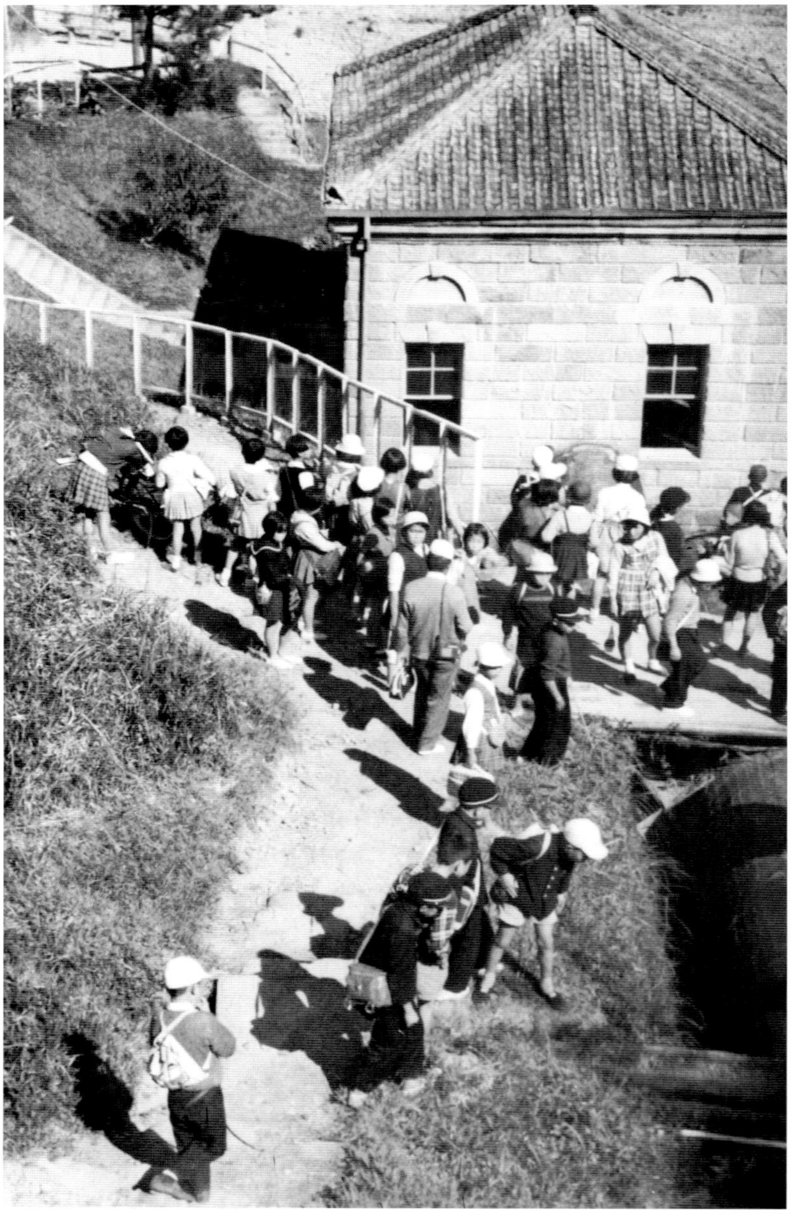

黒北発電所を見学　大淀小学校の児童が、約８キロ離れた黒北発電所へやってきた。児童たちは内部の発電機や水車、また縦長やアーチ形の窓を用いた洋風建築を見学した。同発電所は明治 40 年に清武川上流へ設置され、現存する九州最古の水力発電所として貴重な近代化遺産である。平成９年に宮崎県内初の国登録有形文化財となっている。〈清武町船引・昭和 37 年頃・提供＝青山功氏〉

宮崎北中学校の運動会　日の丸扇子を振って応援中である。同校は瓜生野中学校と倉岡中学校が合併して昭和 27 年に開校した。〈大瀬町・昭和 37 年・提供＝吉田教雄氏〉

田野中学校　昭和22年に田野村立中学校として開校。田野村の町制施行に合わせて同25年に町立田野中学校と改称する。撮影の頃は運動場が拡張され、体育館が落成するなど教育環境が整いつつあった。写真の木造校舎は、45年に鉄筋校舎に建て替えられた。〈田野町甲・昭和37年頃・提供＝大西ライオン堂〉

恒久小学校の入学記念　同校は昭和24年に開校。記念撮影はフェニックスの木の下でするのが恒例だった。昭和40年代後半に火災に遭い、職員室などが全焼して近くにあったこの木も燃えてしまった。親しんだ木の被害を悲しみ、すぐに2代目が植えられたという。〈恒久・昭和39年・提供＝坂口まゆみ氏〉

西池小学校　昭和30年に江平小学校の分校として開校、校地は江平西池の埋立地を利用した。写真後方には木造校舎が写る。同42年には鉄筋コンクリート3階建ての新校舎が完成している。〈西池町・昭和39年頃・提供＝小川悦子氏〉

西池小学校の社会科見学 市内の魚卸市場へ見学にやってきた。児童の身長と同じぐらいの大きな魚が並んでいる。早朝せりの前に集合したのだろうか。〈市内・昭和 40 年代・提供＝小川悦子氏〉

佐土原小学校の旧校舎　現在の運動場辺りである校地北には 3 棟の木造校舎が建てられており、渡り廊下で繋がっていた。改築推進運動が展開された同小学校では、昭和 41 年に防音校舎第一期工事が完了、同 42 年に防音校舎第二期工事が完了して、校地南に建てられた新校舎への学級移動が順次完了し、旧校舎は取り壊された。〈佐土原町上田島・昭和 40 年・提供＝佐土原小学校〉

那珂小学校の新校舎　昭和 45 年に防音校舎第一期工事が、同 46 年に防音校舎第二期工事が完成し、47 年には写真中央の校舎の右隣に体育館も竣工する。右奥のケヤキは明治 36 年の学校創立時に植えられたもので、同校のシンボルとなっている。〈佐土原町東上那珂・昭和 45 年頃・提供＝那珂小学校〉

内海保育園のお遊戯会　揃いの衣装とソンブレロのような帽子は、南米のイメージだろうか。ゴザに座って皆で記念撮影。同園は昭和 28 年に認可された。当初の定員は 65 人だったが、令和 6 年の現在は定員 20 人となり、ゆったりとした環境で保育が行われている。〈内海・昭和 41 年頃・提供＝山本雄一氏〉

宮崎商業高校の屋上で「シェー！」　赤塚不二夫原作の「おそ松くん」に登場するイヤミがびっくりした時にとるポーズで、昭和 40 年代に大流行した。子どもたちだけでなく、大人までもカメラを向けられるとこのポーズをとった。〈和知川原・昭和 42 年頃・提供＝忠平悦子氏〉

生活発表会にて　江平小学校の３年生が劇「テレビと勉強」を演じている。首から下げた紙には「算数の本」「国語の本」「理科の本」「社会の本」とあり、教科書の役を演じたのだろう。〈橘通西・昭和 44 年・提供＝伊藤右美氏〉

一ツ葉海岸へ遠足　江平小学校の児童が、港が整備される前の海岸にやってきた。当時はまだ白砂青松の砂浜海岸で、良好な海岸景観を有し、運動会ができるほどの広大な砂浜があった。アカウミガメの産卵地でもあり、保全が求められている。〈阿波岐原町・昭和 44 年頃・提供＝伊藤右美氏〉

穆《むか》佐《さ》小学校　幕末の郷校が起原で、明治 43 年を穆佐小学校としての創立年にしている。昭和 37 年では学級数 12、児童数 414 人であった。撮影の翌年には２階建鉄筋校舎が竣工した。老朽化や台風被害により平成 23 年に現在の地に移転、跡地は宮崎市穆佐体育館やカフェとして利用されている。〈高岡町小山田・昭和 44 年・提供＝天ケ城歴史民俗資料館〉

浦之名小学校　昭和 50 年度では学級数 7、児童数 144 人であったが、閉校直前は児童数 7 人であった。同校は平成 31 年 3 月閉校となり、去川小学校とともに高岡小学校へ統合された。〈高岡町浦之名・昭和 45 年・提供＝天ケ城歴史民俗資料館〉

清武小学校　昭和 50 年に体育館、同 54 年に北校舎東棟が完成した。増加する児童に対応するため、60 年には加納小学校を分離している。〈清武町今泉・昭和 63 年・宮崎市〉

宮崎西高校　同校は昭和 49 年に開校し、同 50 年に校舎建設第一期工事が完了し理科棟、体育館、武道館などが竣工。続いて第二期工事が行われ、51 年にはプールなども設置されていった。〈大塚町・昭和 52 年・提供＝谷口昌広氏〉

宮崎大学木花キャンパス　昭和 24 年に船塚町にて発足した宮崎大学は、同 47 年に移転統合が決定された。木花地区と清武町にまたがる宮崎学園都市計画が決定され、57 年に新キャンパスの建設が着工。59 年から農学部が順次移転を開始、63 年には教育学部が移転して、全学部が移転完了した。〈学園木花台西・昭和 60 年代・提供＝宮崎市〉

宮崎医科大学　昭和 49 年設立。当初は仮校舎が熊野の宮崎県総合運動公園内に、暫定研究室が北高松町の宮崎病院に設置されていた。同 50 年に清武町に移転。平成 15 年に宮崎大学と統合し、宮崎大学医学部となった。〈清武町木原・昭和 60 年代・提供＝宮崎市〉

宮崎女子短期大学　昭和 40 年に県初の女子短期大学として設立された。当初は保育科 80 人のみであった。同 40 年代には国文科、初等教育科、音楽科が、61 年には英語科が設置された。平成 20 年に男女共学となり宮崎学園短期大学と改称。現在は保育科と現代ビジネス科の 2 学科を有している。〈清武町加納丙・昭和 63 年・提供＝宮崎市〉

変わりゆく街並みや風景

旭通りにあった山形屋　昭和 11 年に鹿児島市の山形屋呉服店が「山形屋呉服店 宮崎店」を旭通りに開業した。市内初の百貨店で、鉄筋コンクリート 3 階建て。夢のような場所だった。〈橘通東・昭和 20 年代・提供＝東洋ネオン〉

　現在の旧宮崎市一帯は、江戸時代には天領や諸藩の飛び地が入り組み、ほとんどが農村地帯であった。明治六年に初期宮崎県が設置され（鹿児島県合併後、同十六年に再置）、宮崎郡上別府村に県庁が置かれたことを契機に、市街地が形成されていった。大正十三年に宮崎市が誕生し、県都として発展してきた。

　街の形成には大淀川も大きく影響している。市街地の大動脈となっている橘橋は、明治十三年に初代木橋が架けられた。橘通りはその名に由来したとされる。橘通りを中心に、西の上野町、大正二年に開業した宮崎駅前の高千穂通り、北の江平まで街が広がった。戦後、高千穂通交差点に橘百貨店が開店、宮崎山形屋が移転し、街の中心が北側へと移っていく。自家用車の普及のため、昭和四十二年に橘橋と橘通りを拡張し、中央分離帯にワシントニア・パームが植栽された。現在は、同五十七年に全線開通した南バイパスまで続く宮崎のシンボルとなっている。一番街、若草通りのアーケード完成により、見慣れた現在の姿となった。

　大淀川右岸、橘橋の南側は江戸から明治期にかけて飫肥藩領城ヶ崎とともに交通運輸の中心として栄えた中村がある。昭和中頃には、以前の松山町と同様、川沿いに旅館が軒を連ねた。南宮崎駅周辺は、中村出身で「宮崎観光の父」と呼ばれた宮崎交通創業者・岩切章太郎が駅前に本社を構えたことから、北側とは異なる発展を見せた。

　平成に入り合併した佐土原・高岡・清武・田野町は江戸時代から発展してきた。佐土原町は佐土原藩の城下町で、武士と町人の町が分かれ、現在も区画や小路の名残がある。本町通りと佐土原駅周辺を中心に街が形成されてきた。高岡町は薩摩藩高岡郷として発展し、現在も武家屋敷の門や石垣などが残る。清武・田野町は飫肥藩清武郷であり、それぞれ役場周辺に街が形成された。大学や専門学校を有する学生の街としての特徴も色濃い。

（川越祐子）

昭和 30 年代後半の橘通り　県庁付近よりデパート前ロータリーを望む。自動車の急激な普及に伴い、デパート前ロータリーは昭和 40 年に撤去されている。交差点西には橘百貨店、北側には橘国際ホテルが見える。写真右側、本町通り五差路の東、現別府街区公園の場所に建つ建物は 3 代目市庁舎。〈橘通東・昭和 38 年・提供＝青山功氏〉

宮崎県庁周辺　宮崎県庁本館の西側には昭和 37 年に県庁 1 号館が完成した。その向かいの建物は県公会堂。大正 12 年に完工した県内初の鉄筋コンクリート建築で、長く県唯一の文化ホールとして利用されてきた（昭和 44 年に解体）。同敷地内には県立図書館もあった。〈橘通東・昭和 38 年・提供＝青山功氏〉

橘通り上空　大淀川上空からデパート前方向を望む。旭通りとデパート前交差点のロータリーは昭和 26 年に設置。フェニックスやツツジなどが植栽され、長く橘通りのシンボルとして親しまれてきた。〈市内・昭和 30 年代半ば・提供＝山田章雄氏〉

旭通りロータリーから見る山形屋　山形屋は昭和 20 年に戦火で焼失したが、同 22 年にこの地で再興。31 年に株式会社宮崎山形屋として現在地に移転オープンした。〈橘通東・昭和 20 年代・提供＝東洋ネオン〉

橘橋　明治 13 年架橋の初代木橋から、流失と復旧を繰り返してきた橘橋は、昭和 7 年に美しい鉄筋コンクリート製の永久橋に架け替えられた。自動車の普及に伴い同 54 年に現在の新橋が開通。写真は南詰の河原から河口方向を見ている。奥に見えるのは日豊本線の大淀川橋梁だと思われる。〈太田・昭和 30 年代・提供＝多田将氏〉

宮崎市役所交差点　昭和 30 年代後半から近代化が加速していく。同 42 年に旭通りのロータリーが撤去され、中央分離帯を整備し、ワシントニア・パームが植栽された。写真は宮崎市役所より北東方向を望む。奥のアンテナは宮崎電話局。〈橘通西、橘通東・昭和 44 年・提供＝鳥丸洋氏〉

県立図書館の食堂　県立図書館は昭和 34 年に大火で焼失、一部の貴重な資料や作品などが失われた。写真は、同 36 年に現在の県防災庁舎前の広場東角付近に再建された県立図書館の 1 階にあった食堂で一般利用もできた。図書館は 63 年に現在の場所に移転した。〈橘通東・昭和 30 年代・提供＝清水岩生氏〉

喫茶らくがき外観　昭和 23 年に県庁西に「茶房 橘」の名で創業。後に「喫茶 らくがき」と名を改め、平成 19 年まで県庁楠並木通りの憩いの場であった。ボンベルタ橘にも支店があったが、現在は清水 1 丁目に移転し、営業を続けている。〈橘通東・昭和 36 年・提供＝清水岩生氏〉

喫茶らくがきの店内　創業者の清水則光が以前、漫画や挿絵で活躍していたことから、宮崎マンガクラブを主宰。店内の壁に紙を貼って、客にらくがきをしてもらっていた。これが店名の由来となった。〈橘通東・昭和 36 年・提供＝清水岩生氏〉

イヌイ玩具店　昭和 50 年代まで営業していた玩具店。節句人形を買い求めた人も多かったという。店内に掲示されている「オモチャの年令別与え方」の文字は喫茶らくがきの清水則光によるもの。〈橘通東・昭和 36 年・提供＝清水岩生氏〉

日米商会　県庁前交差点のそばにあった日米商会。モダンな建築のガソリンスタンドだった。平成 27 年まで海幸花月亭があった場所で、現在は駐車場になっている。〈橘通東・昭和 30 年代・提供＝清水岩生氏〉

大山成文館　橘通東、現在の県庁前交差点の２軒北側にあった書店。戦前から開業し、平成初めに閉店した。県庁職員が買いに来るので繁盛していたという。〈橘通東・昭和30年頃・提供＝本田書店〉

文華堂　大正14年に上野町で創業。昭和２年に現在の健康堂の数軒北側に移転した。文華堂出版社として『日向郷土読本』『日向郷土志資料』も発刊している。〈橘通東・昭和40年頃・提供＝本田書店〉

本町通り　現在の県庁東交差点から北を見ており、写真左端に県庁の一部が写る。昭和初期はこの本町通り沿いに市役所、商工会議所、裁判所、宮崎農工銀行などが建ち並んでいた。現在は右側に県庁8号館ができている。〈橘通東、宮田町・昭和30年代・提供＝横山伴子氏〉

県庁前楠並木通り　現在の県庁議会棟の場所にあった企業局の建物と思われる。楠並木通りから北東に向けて見たところで、右手には県庁の煙突が見えている。建設当時、地下のボイラ室に直結し、全館に蒸気を送る暖房システムを完備していた。〈橘通東・昭和30年代・提供＝石川悦子氏〉

市役所前広場　昭和44年、市役所前の橘公園に噴水が完成。パームツリーやフェニックスをバックに勢いよく噴水が吹き上がり、新たな名所になった。新婚旅行ブームの中、新婚カップルも多かったとか。〈橘通西・昭和44年頃・提供＝古場邦子氏〉

上野町　江平西にあった酒造・金丸本店の代表銘柄「初御代」の横断ゲート看板。現在、同銘柄は雲海酒造が引き継ぎ、今も同商品の看板が掲げられている。昭和32年には化粧品店・栄屋の奥で居酒屋・たかさごが創業。現在は写真の栄屋の場所に移転している。〈上野町・昭和35年・提供＝東洋ネオン〉

青空ショッピングセンター前通り　青空市場（現バージニアビーチ広場）から橘通りへと続く通り。写真左手の青空ショッピングセンターは戦後に開業し、最盛期は40軒以上の店が軒を連ねた。現在、老朽化のため撤去が進んでいる。〈橘通西・昭和38年・提供＝清水岩生氏〉

末広日活の開館祝い　昭和35年10月に開館した。こけらおとしは、同年封切られた石原裕次郎主演「青年の樹」、鈴木清順監督作品「けものの眠り」などであった。〈末広・昭和35年・提供＝冨永伸二氏〉

橘通東２丁目　橘通東２丁目の路面アーケード。編み物教室や菓子店・金城堂本店の看板が掛かる。明治 13 年に上野町で創業した金城堂は昭和７年に現在地に移転。「つきいれ餅」は今も変わらず看板商品となっている。〈橘通東・昭和 30 年代・提供＝東洋ネオン〉

橘通２丁目の横断ゲート　現県庁前交差点の北側には、今では珍しい鉄骨白塗りの横断ゲートが設置されていた。道の東側（写真右手）には手塚用品店や乾印房が見える。〈橘通東・昭和 31 年頃・提供＝東洋ネオン〉

橘通東２丁目　現県庁前交差点付近から北方向に望む。古賀洋品店や宮崎山形屋が見えている。山形屋の屋上には全館冷房の看板が。宮崎交通の懐かしい「青バス」は、昭和６年から同56年まで走り続けた。〈橘通東・昭和30年代後半・提供＝宮崎市〉

健康堂万年筆店　昭和７年に万年筆製造店として創業。当初は現在地よりも北側にあった。アーケードの看板にある「プラチナオネスト60」は同32年に発売された万年筆。奥には宮崎種苗、イヌイ玩具店の看板も見える。〈橘通東・昭和30年代後半・提供＝宮崎市〉

橘通東３丁目　橘通３丁目を西側から東側に望む。帽子店や文具店、寝具店などの看板が見える。橘通りはこの頃、東西に緑地帯があり、多くの市民が手入れし、花を植えていたという。〈橘通西、橘通東・昭和37年・提供＝東洋ネオン〉

ハトヤ洋品店と田中書店　学生たちの生活に欠かせない制服と教科書などを扱う書店が、かつては隣同士にあった。昭和 30 年代の橘通りでは、文華堂や大山成文館などの書店も営業していた。〈橘通東・昭和 37 年・提供＝東洋ネオン〉

橘通 3 丁目　橘通 3 丁目を西側から北東方向に望む。現在も同地にビルが残る雑貨店・向陽堂の看板が見える。アーケードの柱にある「橘通四丁目」は当時の地名表示。〈橘通西、橘通東・昭和 33 年・提供＝東洋ネオン〉

北恵比寿通り　現在の橘通りから西側のダイヤモンドビルにつながるのが北恵比寿通り。ニシタチ界隈の繁華街は、かつてはこのようなようすだった。〈橘通西・昭和 38 年・提供＝日高玲氏〉

ニシタチの路地　戦後、県庁前で営業していた屋台の立ち退き命令を受け、集合飲食店街ができたのを機に宮崎一の繁華街・ニシタチ（西橘通）が形成されていった。写真は現在のぶたまんから丸万焼鳥本店方面を見ている。道路は舗装されたが、裏路地の雰囲気は今も変わらない。〈橘通西・昭和 38 年・提供＝日高玲氏〉

橘通東に並ぶ商店　宮崎山形屋、若草通りにあった更科食堂、楽器と運動具の店・冨士屋などが見られる。アーケードの垂れ幕は、西日を避けるためのものであろう。〈橘通東・昭和 37 年・提供＝東洋ネオン〉

更科食堂　若草通りにあった日本料理店・海幸の前身である。昭和 28 年にそばからスタートし、洋食や甘味、にぎりも提供するようになった。のちに海幸は県庁西付近に移転した。〈橘通東・昭和 32 ～ 33 年頃・提供＝日高三朗氏〉

若草通り周辺　シャボン玉で遊んでいるのだろう。背景は若草通りにあった文化マーケットの屋根。現在も一部が文化ストリートとして残る。橘通り周辺には昭和 21 年から 22 年にかけ、物資販売だけでなく新時代の情報を提供する場として多くのマーケットが誕生した。〈橘通東・昭和 32 ～ 33 年頃・提供＝日高三朗氏〉

一番街　アーケード設置以前の一番街。パチンコ店モナコホールの看板があるので、昭和 34 年以降と思われる。同 48 年にアーケードが設置され歩行者天国となった。〈橘通西・昭和 30 年代後半・提供＝宮崎市〉

児玉美宝堂の前で　一番街の東端、宮崎銀行橘通支店の北辺りにあった児玉美宝堂。お茶や時計などを扱っていた。大きな襟付きブラウスにミニスカートの装いで、３人ともに気を付けの姿勢がかわいらしい。〈橘通西・昭和 40 年頃・提供＝川野知佳子氏〉

山形屋周辺　宮崎山形屋は昭和 31 年に高千穂通交差点（現橘通３丁目交差点）に移転した。通り沿いにある手芸店・ほていやは同 28 年の創業。令和５年春、惜しまれながら看板を下ろした。〈橘通東・昭和 33 年・提供＝東洋ネオン〉

日高時計店　写真は昭和 30 ～ 37 年頃まで橘通東 3 丁目にあった「日高時計店」。同店は橘通西にあった「日髙宝飾店」と統合し、その後橘通西 3 丁目に「日髙時計宝飾店」として開業した。現在はブライダル＆ジュエリー CARA　合同会社日髙時計宝飾店（広島 2 丁目）として受け継いでいる。〈橘通東・昭和 30 年代・提供＝川添朋子氏〉

橘百貨店からの眺め　橘百貨店は昭和 27 年、現在の MEGA ドンキ・ホーテ宮崎橘通店の場所に創業した。地元資本の本格的な百貨店の登場である。写真はその屋上から東向かいを撮影したもの。左角の建物は同 26 年に開館した映画館・ロマン座。山形屋建設前の風景。〈橘通西・昭和 28 年頃・提供＝山田章雄氏〉

ロマン座の前にて　写真は昭和 29 年に日本で公開された「ローマの休日」の宣伝隊。オードリー・ヘプバーンの装いをした女性をグレゴリー・ペック役の男性がスクーターに乗せ、橘通りを走った。〈橘通・昭和 29 年頃・『大淀、古き確かな証』より〉

デパート前交差点　デパート前交差点の東側から通りの西側を撮影。後方の芳野紙文具店などが建つあたりが現在のドトール付近。写真枠外の左（南側）には橘百貨店が建っている。道路を渡す広告横断幕もよく見られた。〈橘通西・昭和 28 年・提供＝山田章雄氏〉

橘国際ホテル　昭和 37 年に橘百貨店を経営する橘グループが、現在のデパート前派出所の西隣に開業。地上 9 階、地下 2 階の洗練されたデザインの建物として話題となった。後に橘国際ホテル別館や青島温泉橘ホテルも開業したが、昭和 50 年に会社更生法が申請され、写真の建物は宮崎セントラル会館となった。〈橘通西・昭和 37 年・提供＝清水岩生氏〉

喫茶シグナル　タイルと壁面のモニュメントが美しい喫茶店で、デパート前交差点の南西角にあった。はら美容室や、現在も市内で営業を続けるお好み焼きとん平が入居するビルにあった。〈橘通西・昭和 30 年代・提供＝清水岩生氏〉

デパート前ロータリー①　橘百貨店屋上から北東方向に、デパート前ロータリーを見下ろす。フェニックスを中心に宮崎らしい美しい植栽だった。〈橘通東、橘通西・昭和34年・提供＝青木功氏〉

デパート前ロータリー②　西から高千穂通りを宮崎駅方面に望む。左手に見えているのは瀬尾金物店。ロータリーは宮崎駅前や瀬頭交差点などにもあった。デパート前交差点のロータリーは昭和40年に撤去された。〈橘通東、橘通西・昭和37年・提供＝東洋ネオン〉

デパート前ロータリー③　東から西方向を望む。左手に宮崎山形屋、向かいは橘百貨店。その屋上には遊園地の観覧車が見えている。〈橘通東、橘通西・昭和34年・提供＝南里晋亮氏〉

橘百貨店前　当初は4階建てで、その後、5階に増床した。橘百貨店の開業をきっかけに、徐々に繁華街は橘通北側に移っていく。背後に見えるのは昭和24年頃に登場した宮崎交通の電気バス。〈橘通西・昭和28年頃・提供＝山田章雄氏〉

橘百貨店 13 回創業祭　橘百貨店は宮崎で初めてエレベーター、エスカレーターを設置。最上階には食堂、屋上には遊園地もあった。朝夕には音楽サイレンでドヴォルザークの「新世界より」が流れたという。街に活気を与えたデパートだったが、昭和 50 年に会社更生法の適用を申請。後の、橘ジャスコ、ボンベルタ橘へと引き継がれた。〈橘通西・昭和 42 年頃・提供＝清水岩生氏〉

拡幅前の橘通り　橘百貨店屋上から南を見ている。橘通りはまだ拡幅前で、車道を何人もの歩行者がゆうゆうと横断している。昭和 30 年代から橘通りの拡幅を含む中心市街の整備が進んだ。〈橘通西・昭和 27 年・提供＝道本英之氏〉

橘百貨店入口にて　年末大売り出しの頃。〈橘通西・昭和 30 年代・提供＝多田将氏〉

橘百貨店催し場にて　昭和 35 年 3 月、市内の書店が集まり出店した。当時の本田書店店主や文栄堂店主などが、客に呼び込みを掛けている。〈橘通西・昭和 35 年・提供＝本田書店〉

宮崎山形屋前にて　デパート前交差点付近、国道 10 号西から東へ高千穂通を望む。〈高千穂通・昭和 35 年・提供＝東洋ネオン〉

鹿児島銀行宮崎支店　明治 14 年、鹿児島銀行の前身である第百四十七国立銀行宮崎出張所を県庁付近に開設。昭和 30 年に橘通り東 1 丁目から当時の高千穂通り 3 丁目（現中央通 3 丁目付近）に新築移転した。左の宮崎瓦斯の場所は、現在エアラインホテルが建つ。神武さま前で、現在のサンサン通りに沿って宮崎神宮の幟が並んでいる。宮崎松竹や宮崎日活の映画看板も見られる。〈中央通、橘通西・昭和 30 年代・提供＝宮崎市〉

宮崎山形屋　山形屋宮崎支店は、「宮崎山形屋」として昭和 31 年に旭通りから現在の場所に移転オープンした。「全館冷房」の看板と広告懸垂幕は、ライバルの橘百貨店に対抗してのことだろう。〈橘通東・昭和 30 年代・提供＝池田祐子氏〉

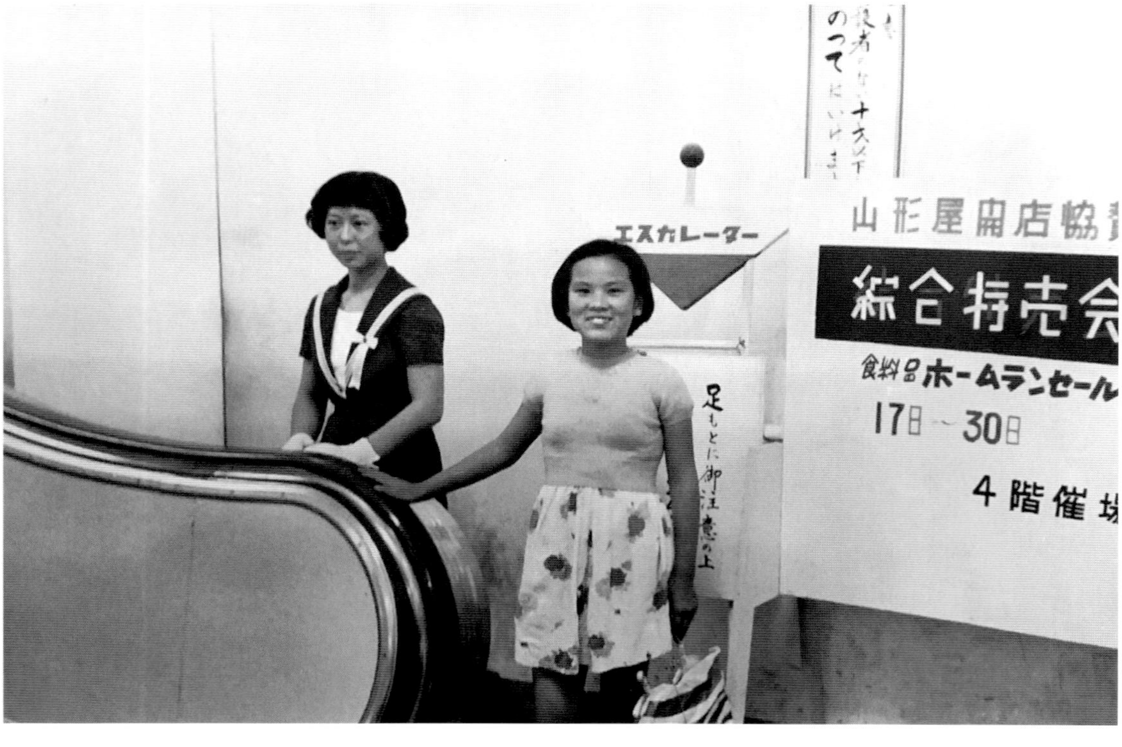

宮崎山形屋エスカレーター乗り場　当時は事故防止と売場案内を兼ねて案内の女性が立っていた。〈橘通東・昭和 31 年頃・提供＝緒方公男氏〉

映画館・橘会館　現在の MRT Micc の場所に昭和 34 年に開館。同館にはスカラ座と橘東宝が入っていた。同 37 年封切りの「史上最大の作戦」が上映されている。〈橘通西・昭和 38 年・提供＝清水岩生氏〉

ロマン座の看板描き　写真提供者の父は映画の看板描きだったため、子どもの頃は顔パスで映画が見られたという。写真の男性は看板描きの仲間。〈中央通・昭和 33 年頃・提供＝川野知佳子氏〉

ロマン座　昭和 26 年の開館当初は、現在の宮崎山形屋の場所にあった。山形屋の移転に伴い、同 30 年にマルショク中央通店があった場所に移転オープンした。写真に写るのはもぎり（チケット切り）の女性たち。当時、隣には日活もあった。〈中央通・昭和 37 年頃・提供＝川野知佳子氏〉

公共ゴミ箱　橋本商会・坂東塗工前、現在の宮崎第一ホテル辺りである。橘通りには大型の公共コンクリート製ゴミ箱が設置されていたが、昭和 38 年にポリエチレン製ゴミ箱に取り替えられた。出荷準備のようすであろう。〈橘通東・昭和 30 年代・提供＝川添朋子氏〉

烏丸ラジオ店　昭和 21 年創業。ラジオや無線通信機器を扱い、江平小学校そばに建っていた。写真では店前に入荷したテレビが積まれている。同店は同 29 年に県内で初めてテレビを購入し、さらに米国製テレビで県外からの放送電波を試行錯誤しながらも県内で初受信したという。県内では 35 年に NHK 宮崎放送局と現宮崎放送が相次いで開局した。〈原町・昭和 32 年頃・提供＝烏丸洋氏〉

一ノ鳥居バス停前で　現在の三徳饅頭付近より南西方向を望む。映画館・江平若草の映画看板が見られる。江平市場は昭和 30 年頃にでき、往時には 15 軒以上の店が軒を連ねていた。道路拡張前で道幅は狭く、中央分離帯もない。〈江平東・昭和 34 年・提供＝山田章雄氏〉

江平歩道橋から南を望む　現在も橘通り５丁目にある歩道橋上から南方向を見た写真。江坂商会の場所には現在はローソン宮崎橘通東店が、日興証券があった場所は、これからリニューアル工事が始まる。まだ中央分離帯のパームツリー並木がなかった頃。〈橘通東、橘通西・昭和 43 年頃・提供＝鳥丸洋氏〉

江平歩道橋から北を望む　江平五差路・一の鳥居あたりのようすが写っている。西側にはコトブキスポーツ、大盛りうどんなどの看板が見られ、船塚にあった宮崎大学の標識も手前に見える。〈橘通西、橘通東・昭和 43 年頃・提供＝鳥丸洋氏〉

いちろく北店　「小さな時計から大きなテレビまで」とあるように様々な電化製品や自転車などが揃ったディスカウントショップ。当時、花嫁の結納品として約 80 万円相当の電化製品一式を持参するのが常で、結納返しにはビデオ映像機器が人気だった。店主の趣味の釣具や流行りの品も取り扱い、ルービックキューブが流行ったときは１日で500個も売れたという。北店は平成３年に閉店、本店は中村西２丁目で現在も営業している。〈千草町・平成３年・提供＝遠山銃砲店〉

本田書店　昭和 30 年 1 月、開業当時のようす。現在の宮崎補聴器センターの場所にあった。店主が店先で我が子と記念撮影。右端に見えるのは同 22 年から 30 年まで市長を務めた荒川岩吉の自宅で、米穀店を営んでいた。〈江平東・昭和 30 年・提供＝本田書店〉

本田書店の店内　昭和 30 年代は映画と雑誌が娯楽の時代だった。少女まんが雑誌『りぼん』(同 30 年)『週刊 新潮』（31 年）『週刊 女性』（33 年）など、今も出版されている雑誌が続々と創刊された。〈江平東・昭和 30 年代・提供＝本田書店〉

丸山町　写真提供者の母親の実家付近にて、親子で記念撮影。一の鳥居付近の小道で、東に向けて撮影している。〈丸山・昭和 31 年頃・提供＝横山伴子氏〉

江平一の鳥居前の交差点　現在の三徳饅頭付近から北西方向を撮影したもの。文具店・東京堂、その先には菊池耳鼻咽喉科がある。三輪車に乗った子どもがかぶっているのは月光仮面のお面。写真の一の鳥居は、昭和 15 年に下関の炭鉱王・貝島太市が奉納した鉄筋コンクリート製のもの。〈江平東・昭和 34 年・提供＝山田章雄氏〉

宮崎神宮へ　近隣の親戚が宮崎市に集まり、宮崎神宮に参拝した。奥には「明治百年」の立て看板が見える。明治百年は昭和 43 年のことで、10 月 23 日に全国各地で式典が行われた。現在の県総合博物館は明治百年記念事業の一環として建設された。〈市内・昭和 43 年頃・提供＝坂口まゆみ氏〉

平和の塔付近　平和台に向かう階段手前の風景。平和の塔は昭和 15 年に完成し、戦前は八紘之基柱と呼ばれた。同 39 年に整備され、「県立平和台公園」と名付けられた。家形埴輪をあしらった門柱は現在も設置されている。〈下北方町・昭和 30 年頃・提供＝飯尾彪氏〉

平和の塔から望む宮崎市　上の写真は市街地のある南方向で、すぐ下にまっすぐに延びる道は県立宮崎病院へと続く平和台線。真ん中の写真は西方向で、大淀川と下北方が見えている。下の写真は北方向で、平和台自然散策路が分かるほどに、木々がまだ茂っていない。〈下北方町・昭和 33 年・提供＝南里晋亮氏〉

花ケ島赤江町にあった下宿　現在の玉田動物病院付近から西をみている。写真右奥の建物は下宿で、師範学校や宮崎大学の学生が住んでいた。この頃は周りに田んぼしかなく、大宮小学校や大宮中学校に通う子どもたちが、登下校中に喉が渇くとこの下宿へ水を飲みにくることがよくあった。〈花ケ島・昭和 30 年代半ば・個人蔵〉

江田神社　国産みの神とされるイザナギノミコト、イザナミノミコトを祀る。阿波岐原はイザナギがみそぎをした地と伝承され、宮崎市は昭和 46 年に、境内に隣接する「市民の森」を整備した。〈阿波岐原町・昭和 43 年頃・提供＝長友康則氏〉

野首付近の道　国富町方向を写している。砂利が転がる現在の県道 26 号をトヨタ・クラウンやトラックが走る。昭和 40 年の舗装率は、国道でも 50 パーセント、県道は 13 パーセントであった。〈瓜生野・昭和 30 年代後半・提供＝宮崎市〉

高千穂通り　大和証券、住友生命など、当時から証券会社や保険会社が多かった。手前の建物の窓の面格子がレトロで印象的。〈高千穂通・昭和 37 年・提供＝東洋ネオン〉

宮崎郵便局　橘通りにあった宮崎郵便局は、昭和 7 年に現在地に移転、同 39 年に局舎が新築された。写真は優秀貯金団体郊外功績者表彰式の記念撮影のようす。〈高千穂通・昭和 30 年代・個人蔵〉

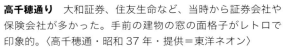

秀坂旅館　昭和25年創業で、高千穂通り東端の南側にあった。写真左奥に見えるのが宮崎駅西口である。老松通りには、食堂・秀坂もあり、現在は秀坂喫茶と改称している。〈広島・昭和37年・提供＝東洋ネオン〉

老松通り　宮崎駅前から南を見ている。右手の白いビルの場所が現在のMSG大原カレッジリーグにあたる。その南の木々が茂るのは現在の栄町児童公園。後藤産業、昭和石油、九州石油販売などのガソリンスタンドが並び、その奥には養白寺の特徴的な屋根が写る。さらにその奥は瀬頭にあったクスノキで、昭和45年頃に撤去された。突き当たりの大淀川には、まだ大淀大橋がなく、建設中の宮崎観光ホテル新館（現西館西側）のビルが目立つ。〈老松、別府町・昭和35年頃・提供＝宮崎市〉

国鉄宮崎駅前①　駅西口から西方面、高千穂通りを望む。観光みやげ店店頭の看板には、ひえつき餅、椎茸からし漬などの看板が見られる。〈高千穂通・昭和37年・提供＝東洋ネオン〉

国鉄宮崎駅前②　駅西口の南側には、待合所や食堂、手荷物預かり所、土産店、旅館などが並んでいた。〈高千穂通・昭和 30 年・提供＝山田章雄氏〉

国鉄宮崎駅前③　駅西口駅前の高千穂通り南側角地から北側を撮影している。写真左の建物は日本通運宮崎支店。同店は現在、同地に建てられた NM ビルの 9 階に入居している。〈高千穂通・昭和 30 年頃・提供＝山田章雄氏〉

国鉄宮崎駅前④　駅西口から北西方面、高千穂通りを望む。右端には日本通運宮崎支店。駅前にはトヨタ・クラウンやダットサン・ブルーバードなどが停まっている。〈高千穂通・昭和 37 年・提供＝東洋ネオン〉

青葉陸橋　東方向を望む。錦町と青葉町をまたぐ陸橋は昭和 45 年に開通、平成 4 年に撤去着工。右奥に見えるのは橘ヤングボウルで、現在はナフコ宮崎店になっている。〈宮崎駅東・昭和 47 年・提供＝大峯正男氏〉

大淀川沿いを歩く　割烹着姿の母親ときょうだいが大淀川堤防を歩いている。古くから水害の多い宮崎市では、昭和 2 年には国による大規模な大淀川改修工事が行われ、長年にわたり堤防高や堤防幅の改修や補強、河川管理施設の設置など、治水に苦心してきた。〈城ケ崎付近・昭和 40 年・提供＝明利和代氏〉

割烹美加登　大淀川河畔にあった割烹料理屋で、公共団体の会合などで利用された。当時は高千穂荘の北、現在の寿荘の西側にあった。〈松山・年代不詳・提供＝緒方公男氏〉

宮崎大橋東詰①　大工３丁目あたりからデパート前交差点方向､東を望む。右は田中電器商店。〈大工・昭和 38 年・提供＝川下ミドリ氏〉

宮崎大橋東詰②　東から西方向を望む。昭和 40 年代に入ると宮崎大橋の西側の大塚や生目地区には団地が造成され、交通量が増加していった。〈大工･昭和 39 年･提供＝佐藤智子氏〉

宮崎大橋の竣工当時　同橋上から東向きに撮影。高松橋の上流に、永久橋として昭和 32 年に完成した。この橋の完成によって、国道 10 号は橘通り３丁目のデパート前交差点から西に折れ、県立病院前から大橋に接続することになった。まだ橋までの道路は舗装されていなかった。〈大工・昭和 32 年・提供＝南里晋亮氏〉

高松橋西詰付近　現在のローソン宮崎大塚中央店の南付近の細道。母親と女の子は「よそゆき」服のようだ。右奥はアメリカ車のシボレーと思われる。〈大塚町・昭和 30 年頃・提供＝忠平悦子氏〉

田淵ケ原の畑　大塚町田淵ケ原は宮崎西高校の東、百姓うどんからやや北側の一帯である。大塚町は昔は田畑ばっかりで、キュウリ、カボチャ、ホウレンソウなどが植えられていた。〈大塚町・昭和 59 年・提供＝谷口昌広氏〉

生目台通り　大塚町から西側の生目台方面を望む。生目台団地の造成は昭和 56 年から着工し始め、同 60 年から平成 2 年にかけて完成している。〈大塚町・昭和 59 年・提供＝谷口昌広氏〉

宮崎温泉ヘルスセンター　昭和 38 年に完成。市民の憩いの場であり、観光客向けの施設でもあった。お風呂、プール、ゲームセンター、食堂がありにぎわっていた。温泉はボーリングによるもので、近くには宮崎温泉リハビリテーション病院もあった。現在、同病院は潤和会記念病院に統合されている。〈小松・昭和 41 年・提供＝本田書店〉

橋橋南詰　中央は広瀬中学校の生徒で、母とともに佐土原町から正月のお出掛けに来ている。架け替え前の橘橋南詰から北方向に撮影しており、左奥は昭和 38 年に新築移転したばかりの市役所。橘橋の親柱の一つは、今も橘公園の一画に残されている。〈東大淀付近・昭和 38 年頃・提供＝倉永憲禧氏〉

中村町 1 丁目（西側）　橘橋南詰から南西方向を望む。写真右は、西角にあった乾物屋・遠山商店。年の瀬が近づくと店頭には干し数の子が山のように積まれ、木箱に移し替える作業に追われたという。奥に向かって橘薬局、田島歯科、大丸食堂と続く。重厚な近代建築や洋館が並んでいた。〈中村西・昭和 45 年・『大淀、古き確かな証』より〉

江南商店街の横断看板　橘橋南詰から南、中村通りを望む。写真右は乾物店・遠山商店、その東向かいに石坂屋旅館があった。横断看板の両脇には、映画宣伝の看板が付けられている。右の看板は昭和 35 年公開の「大淀東映 海賊八幡船」の広告である。〈中村西、中村東・昭和 35 年頃・提供＝宮崎市〉

中村町 1 丁目　南から北方向を望む。東側には菊池床屋、新井呉服店、米山薬局、西側には勝本計理事務所などが見えている。左手の看板にあるハマフォームとは、横浜ゴムが開発した軟質ウレタンフォームのことで、寝具に使われていた。〈中村東、中村西・昭和 30 年代後半・提供＝宮崎市〉

谷口はきもの店靴部　中村町 4 丁目支店はアサヒ靴の特約店で、ビニール靴、運動靴、地下足袋、雨靴、洋傘、雨具などを扱っていた。店の左に清水精肉店、右に寺師医院があった。店頭の日除けに見える「宮崎専門店会」は昭和 26 年に設立された協同組合で、宮崎市内の有力商店を網羅してチケット事業などを展開した。同 40 年代に流行りのブーツを販売すると、白いブーツを履いた店員に交際の申し込みが殺到したとか。〈中村・昭和 30 年代・提供＝遠山銃砲店〉

日劇改装オープンの日　当時の春日町にあった「昭和館」を改修し、昭和 25 年に「日劇」がオープンした。当時は県内最大の映画館で、洋画も日本映画も配給していた。遠方からも多くの人が来場し、自転車整理が追い付かないほどだった。〈中村東・昭和 25 年・『大淀、古き確かな証』より〉

文榮堂書店　昭和 28 年の東京交通公社商工業別明細図に掲載されている。現在のお菓子司 上野本店の辺り。戦前からあり、平成初期頃閉業した。〈大淀・昭和 30 年頃・提供＝本田書店〉

南宮崎駅前通　当時の有明旅館（現ビジネスホテル有明）から東方向を望む。かつてこの付近の住所は有明町で、この通りは有明通りと呼ばれていた。突き当りに見えているのが南宮崎駅。〈中村東・昭和30年頃・『大淀、古き確かな証』より〉

南宮崎駅前食堂　南宮崎駅前には、旅館や土産物店、飲食店などが軒を連ねた。手前の食堂は自転車預所も兼ねていた。昭和40年に南宮崎土地開発計画がスタートすると、ビルやアーケードに移転し経営を続けた店もあった。〈東大淀・昭和30年頃・『大淀、古き確かな証』より〉

三角茶屋　南宮崎駅に通じる大淀通りと、現在の宮交シティへ向かう道に囲まれた土地周辺を三角茶屋と呼んでいた。付近にあったうどん屋・豊吉は、昭和 39 年に連続テレビ小説の取材のため宮崎を訪れた川端康成も立ち寄り、天ぷら（さつま揚げ入り）うどんを食し、気に入ったという。写真は看板に描かれた映画のタイトルから昭和 32 年と思われる。〈中村東・昭和 32 年・『大淀、古き確かな証』より〉

田原理容所前　南宮崎駅の東側、恒久 2 丁目にあった田原理容所前の道で。写真左手には、「横山義肢製作所」と書かれた看板があるので、西側の駅方向を見て撮影したものだろう。祖母と孫の和やかな日常が切り取られている。〈恒久・昭和 39 年・提供＝坂口まゆみ氏〉

古場商店　現在のエディオン宮崎本店裏通りの南側。八百屋だがカップラーメン、コカコーラ、貸本漫画など何でも扱っていた。付近には建設業の寮、宮交バスガイドのバラ寮などがあり深夜１時まで営業していた。当時、深夜営業の店はなく、橘通り繁華街からわざわざ来る人もいたほど。〈南町・昭和 43 年頃・提供＝古場邦子氏〉

イズミヤ宮崎店　近畿地方を中心にチェーン展開するイズミヤの九州１号店として昭和 47 年に開業し、レマンショッピングセンターと呼ばれ親しまれてきた。令和２年２月 20 日、約 47 年の営業に幕を下ろした。〈京塚・昭和 48 年・提供＝明利和代氏〉

橘橋南詰の航空写真　旧橘橋のアーチ式橋脚が美しい。北詰には完成したばかりの宮崎市役所、大きなグラウンドが見えるのは大淀小学校、写真左下の建物は大淀中学校である。淀川１丁目付近の大淀川河畔は、当時は旅館やホテルが並んでいた。〈中村西・昭和 38 年・提供＝青山功氏〉

赤江の浜　赤江は古くから日向の要港で、『平家物語』にも「日向国アヤへの～」と記載されている。なお、かつて大淀川は赤江川と呼ばれていた。写真左ではお別れ遠足でやってきた大淀小学校の児童が遊んでいる。〈赤江・昭和 38 年頃・提供＝青山功氏〉

折生迫漁港　天神社付近から、突浪川《つきなみがわ》を西方向に見ている。かつて青島の港といえば、ここ折生迫だった。今も多くの漁船が係留され、周辺は民家が密集し、昔ながらの港町の風情を感じることができる。〈青島・年代不詳・提供＝石川悦子氏〉

松浦回漕店　明治時代後期から大正時代にかけて、新婚夫婦が鵜戸神宮に参拝する鵜戸さん参りという習俗があった。内海は参拝前の最後の宿。船問屋であったが花嫁を乗せたシャンシャン馬の中継地点で、花嫁衣裳も作っていた。現在は取り壊されている。〈内海・昭和 37 年頃・提供＝湯浅倉平氏〉

本町通りの商店街　佐土原町の本町２丁目から東方向を望む。道路拡幅前の商店街のようすである。昭和 30 年代の佐土原町内の商店は小売業が中心で、衣類、食料、家具など日常に消費する品々が販売されていた。中央奥には大光寺裏から続く尾根が写る。〈佐土原町上田島・昭和 39 年頃・提供＝青山功氏〉

夏の装いで本町通りを　影の短い夏の真っ盛りである。本町通りを歩く女性は、白の半袖シャツに花柄のスカート、素足に下駄と涼し気な装いをしている。本町２丁目から東方向を望んでおり、左手にはうどん店と村上種苗店が見える。〈佐土原町上田島・昭和 35 年・提供＝青山功氏〉

上中小路の登校風景　朝の上中小路を登校する佐土原小学校の児童たち。通りいっぱいにバスが運行する中、交通指導員が右側通行を誘導する。写真手前を右に曲がれば、すぐに佐土原小学校が見えてくる。道路奥が北方向で、中央には大野文化堂の看板が見えている。〈佐土原町上田島・昭和 33 年・提供＝青山功氏〉

夕暮れどきの商店街　佐土原町の本町２丁目の商店街で、道路は未舗装である。奥にはボンタンアメの看板を掲げる小売店と傘屋が見える。下校後も明るいうちは学生服のまま遊んだものだった。未就学の弟や母親とともに。〈佐土原町上田島・昭和31年・提供＝青山功氏〉

賑やかだった鬼子母神祭　吉祥寺の鬼子母神祭は、毎年旧暦1月27日から3日間行われた。この頃は同寺の前から八日町まで屋台がずらりと並び、県内各地から人びとが集まって人混みで動けないほど。露店での買物は子どもたちの楽しみの一つだった。今でも毎年3月初旬の土・日曜日に行われ、子どもの健やかな成長を願う人びとに親しまれている。〈佐土原町上田島・昭和30年代後半・提供＝佐土原人形店ますや〉

リニューアルオープンした五代商店　那珂交差点の北東角にあった五代商店の新装開店のようす。同店はのちにヤマザキショップ五代店となって近年まで営業した。この頃の那珂交差点は T 字路で、佐土原駅方面に続く東への道は平成になって開通した。〈佐土原町東上那珂・昭和 40 年頃・提供＝五代雅浩氏〉

開園頃の宝塔山公園　宝塔山は昭和 30 年頃に地元有志によって公園として整備された。左の東屋はまだ建築中で、山肌に樹木はほとんどなく、整備が進む頃のようすがわかる。奥が東方向で、遠景には一ツ瀬川の流路が見える。〈佐土原町上田島・昭和 30 年頃・提供＝青山功氏〉

西佐土原の街並み　宝塔山から西を望んでいる。西佐土原の街並みが広がり、妻入り屋根の商家が軒を連ねている。中央に走る街筋は本町通りで、現在の県道 44 号である。左に弁天山、さらに左奥に佐土原城跡が見える。〈佐土原町上田島・昭和 39 年頃・提供＝青山功氏〉

国道 10 号のアーチ式の看板　大の丸交差点（現宮崎市五町交差点）を西方向に望む。町の入口に初めてアーチ式の看板が設けられた。右柱に書かれた鹿児島銀行高岡支店はこの国道 10 号沿いに昭和 26 年 11 月に移転しており、現在は同じ場所に宮崎銀行高岡支店が建つ。道路はまだ舗装されていない。〈高岡町五町・昭和 30 年頃・提供＝天ケ城歴史民俗資料館〉

高岡町の中心街の賑わい　現在のスーパー・フーデリー付近から東方向を望む。新道から上町、下町にかけての国道 10 号沿いは、高岡町のメインストリートだった。通りには町民祭の万国旗の飾り付けと大売出しの幟旗が見え、商店街は活気に満ちている。〈高岡町五町・昭和 30 年代・提供＝天ケ城歴史民俗資料館〉

交通量が増す国道筋　当時の国道 10 号を大の丸交差点（現在の県道 359 号の宮崎市五町交差点）付近から西方向を望む。左奥に鹿児島銀行高岡支店の看板が見える。信号機と中央線が設置され、車社会の到来がうかがえる。ラッシュ時には慢性的な渋滞に悩まされた。〈高岡町五町・昭和 40 年代・提供＝天ケ城歴史民俗資料館〉

天ヶ城から望む飯田地区　天ヶ城から東方向、飯田地区の田園風景を望む。中央の丘は現在も飯田１号街区公園として残る。手前の道路は国富町に向かう県道24号で、写真下部には飯田川に架かる芝手橋が見える。農村地帯の秋の風物詩であった「藁こづみ」は現在は見られなくなった。〈高岡町飯田・昭和44年頃・提供＝天ケ城歴史民俗資料館〉

新町を通る交通安全パレード　交通安全の標語が書かれた襷を掛け、バトンやポンポンを持って、児童たちが新町をパレードをしている。写真奥が北方向で、通りの奥には小さく細川写真館の看板や内山神社の鳥居が見える。左奥の山は天ヶ城跡。〈高岡町内山・昭和40年代・提供＝天ケ城歴史民俗資料館〉

宮水流の往還と街並み　宮水流は、明治初めにはすでに町場として栄えていた。町内を宮崎に向かう往還が通り、かつては多くの商店が軒を連ねていた。左手前の商店には、アイスクリームの冷凍庫や雑貨が店頭に並んでいる。〈高岡町下倉永・昭和45年頃・提供＝天ケ城歴史民俗資料館〉

穆佐小学校付近を通過する駅伝選手たち　移転前の穆佐小学校前、高岡方面に向かう右カーブを駅伝選手が通過する。路面はまだ舗装されておらず、自転車でランナーたちを先導している。左奥に写るのは昭和2年に開通した穆佐経由高岡行き宮交バスで、さらにその奥は穆佐城跡から延びる尾根である。〈高岡町小山田・昭和32年・提供＝天ケ城歴史民俗資料館〉

大淀川第二発電所の送水管　同発電所は、小田元地区の堰堤から川口まで隧道によって結ぶという難工事の末、昭和7年3月に運転を開始した。大出力は3万キロワットで、同30年代には最大7万1300キロワットに増強された。当時は県下屈指の発電能力といわれており、巨大な送水管がそのことを物語っている。〈高岡町浦之名・昭和34年・提供＝青山功氏〉

清武駅付近の風景　田畑のなかを日豊本線が横断しており、写真左方向が清武駅方面である。正手から西新町や新町方面を望んでおり、中央やや左に新町橋が架かっている。〈清武町正手・昭和 23 年頃・提供＝宮崎市〉

清武町のコカ・コーラ工場　新清武橋の北袂辺りから南を望んでいる。対岸には巨大な南九州コカ・コーラボトリング宮崎工場が建つ。同工場は昭和 47 年から創業を開始、缶コーヒー生産ラインなどの増設も進んだが、えびの工場に集約されることとなり平成 17 年に閉鎖した。現在跡地にはベアーズモール清武が建っている。〈清武町正手・昭和 63 年・提供＝宮崎市〉

はやし商店の店内　JA 宮崎中央田野支店の南西にある商店で、現在は平原商店と改称。缶詰、お菓子、ジュース、調味料、雑誌、たばこ、玩具など、幅広い種類の日用品を取り揃え、外には郵便ポストが置かれ、宅配便も取り扱った。こうした個人商店によって地域の生活は支えられていた。〈田野町南原・昭和 53 年・提供＝平原哲夫氏〉

田野駅上空からの空撮　写真上が北西方向、左上は田野町役場である。下は田野駅で、ホームには荷物車が停車している。同駅は昭和60年に荷物車の扱いを廃止した。〈田野町甲・昭和54年・提供＝道本英之氏〉

田野町中心地の空撮　明神原交差点辺りから北東を見ており、写真中央が田野町役場、右上が光町団地と田野体育館、右下が田野小学校である。同小学校のプールは平成12年に校地東に移転、跡地には田野総合福祉館が建てられた。〈田野町甲・昭和54年・提供＝道本英之氏〉

木造の上屋敷橋　写真奥が北方向。清武川に架かっており、昭和40年代前半に鉄筋コンクリート造の橋に建て替えられ、さらに同51年に現在の橋が竣工した。〈田野町乙・昭和40年頃・提供＝野田正子氏〉

フォトコラム・思い出の行楽地

青島海水浴場で涼を楽しむ　青島海水浴場で日傘を手に、素足で涼を楽しむお洒落をした女性たち。青島海水浴場は遠浅で波が穏やかなため、安心して遊べると人気であった。左奥に監視用のやぐらが見える。〈青島・昭和30年代・提供＝多田将氏〉

生活が豊かになると、人びとは「楽しさ」を求めて外に出掛ける。それは旅行であったり、ちょっとした「おでかけ」であったり。出掛けるメンバーも家族、学校、職場、地域の子供会など様々である。昭和三十年から四十年代にかけての高度経済成長期の日本は、まさに人びとの「レジャーへの欲求」が急速に高まった時期であり、海や山、川など各地の行楽地には、日常から解放された時間と遊びを求め多くの人びとが詰めかけた。

家族連れに特に人気だったのが海水浴場である。子どもの頃、海の家で大急ぎで着替えを済ませ、波打ち際まで競うように走って行くときに感じた解放感は、今でも忘れられない楽しい思い出の一つだ。

宮崎を代表する海水浴場と言えば青島だろう。青島海岸一帯は、潮流も穏やかで遠浅という条件にも恵まれ、遅くとも宮崎軽便鉄道が開通した大正時代には海水浴客が訪れていたようだ。昭和三十年には日南海岸国定公園に指定され、「鬼の洗濯板」と呼ばれる奇岩群と亜熱帯植物群落、そして青島神社に伝わる神話ロマンが相俟って全国的に有名な観光地となった。

昭和三十年代の終わり頃から進むモータリゼーションの波は、人びとをさらに行楽地へと駆り立てた。各家庭には自家用車が普及し、地方では高速道路や行楽地へ向かう道路網が整備され、週末や祝日、連休を使って出掛けるマイカー旅行は家族にとって楽しいひとときとなった。

「ドライブイン」が各地に登場したのもこの頃である。ここに立ち寄り、食堂でおいしい料理に舌つづみをうち、みやげ物店でその土地ならではの品物をさがすのも旅の楽しみの一つ。ここで得られる行楽地や道路の情報は、人びとの旅をさらに快適なものにした。

（今城正広）

多くの人で賑わう青島海水浴場　現在地に海水浴場ができたのは昭和 8 年。遠く関東や関西方面からも海水浴客が訪れるようになった同 40 年代には、利用者は 100 万人にも達した。左側の監視用のやぐらには「ニシムラ商会」の文字が書かれている。今とは違って大型のビーチパラソルは見られない。〈青島・昭和 30 年代・提供＝清水岩生氏〉

海の家で一休み　夏の間にだけ設営される海の家。戦前に登場し、つい最近までほとんど変わらない形で設けられていた。大人は縁台で涼をとり、泳ぎ疲れた子どもたちは一休み。貸し浮き輪はタイヤのチューブである。軒下の幕には石油会社・日米商会の名前が書かれている。〈青島・昭和 35 年頃・提供＝本田書店〉

慰安旅行で青島海岸へ　青島海水浴場から北方向を望む。橘通りにあった薬品卸業会社の社員が、慰安レクリエーションで訪れた。古船に腰掛けて休んでいる。シーズンオフで海の家は撤去されている。〈青島・昭和 40 年・提供＝杉山恵子氏〉

青島を散策　青島本島の亜熱帯植物群落は国の特別天然記念物に指定され、周辺に広がる「鬼の洗濯板」は国の天然記念物に指定されている。砂まじりの遊歩道を歩き、ビロウの群生地を散策する女性旅行客。〈青島・昭和 34 年・提供＝斎藤美津子氏〉

青島ヘルスセンター　こどものくにから知福川を挟んで南東、現在の料理店・網元の辺りにあった。昭和 40 年頃に開業し、同 50 年頃に閉業した。女性 4 人組で青島観光の後、休憩し、昼食を取っている。〈青島・昭和 41 年・提供＝長友浩教氏〉

青島水族館　昭和 33 年 6 月 8 日に開館。名切地区の弥生橋西袂、熱帯植物園の北辺りにあった。観光客や小学校の遠足などで多くの人びとが訪れた。同 40 年頃に閉業。跡地には 42 年に青島橋ホテルが建ったが、現在はそれも閉業し、青島ビーチビレッジが建っている。〈青島・昭和 34 年・提供＝川下ミドリ氏〉

フェニックス・ドライブ・イン　堀切峠からフェニックス越しに見渡す太平洋の風景は、昭和 30 年代後半から始まった新婚旅行ブームでの、日南海岸の人気スポット。次々と観光バスが立ち寄り、多くの客で賑わった。フェニックスドライブインはその真っただ中の同 40 年に開業。同年の広告には「ロードパーク日南海岸、堀切峠の新名所」とある。円形の建物が特徴で、2 階にレストランがあり、水平線を望みながら食事ができた。当時の宮崎駅からのバスの運賃は、往復 150 円であった。〈内海・昭和 41 年・提供＝青山功氏〉

野島の「鬼の洗濯板」　野島は別名を「巾着島」といい、現在は堤防で陸続きとなっている。鬼の洗濯板は青島から南の野島までの約 8 キロの海岸線に広がっており、野島周辺の海岸部にも遠浅の波状岩が広がっている。奇岩の周辺には、小魚や貝、カニなどの生物が生息し、磯遊びの絶好のスポットであった。奥が内海港。〈内海・昭和 31 年頃・提供＝本田書店〉

白浜海水浴場と海の家　白浜海水浴場は戦後間もない昭和22年の夏、雑貨商を営む長倉常義が地域の活性化のため私財を投じて開発、民営の小さな休憩所から始まった。同26年の宮崎市との合併後にまもなく市営となる。白浜キャンプ村も併設され、家族連れや県内の子ども会などのキャンプによく利用された。ゲートに書かれる清酒・美《び》陽《よう》と焼酎・宮の鶴は高岡町の長友酒造で作られ、徳地酒店で取扱いがあった。〈折生迫・昭和31年・個人蔵〉

一ツ葉浜の入り江　一ツ葉浜の入り江は、水遊びや宴会などでの市民の良き憩いの場であり、10カ所余りのあずま屋が休憩所として設けられていた。戦前には付近に料亭があり、各学校の運動会も行われていた。写真は一葉稲荷神社近くで、奥に入江を挟んで対岸が見えている。当時は一ツ葉浜の名産として、海浜でのみ育つハマギリ（ハマボウフウ、浜防風）という春が旬の食用植物があった。奥の浜で栽培しているのが見える。〈新別府町・昭和30年代・提供＝本田書店〉

鶴島で水遊び　かつて大淀川は水遊びができるほど水が清らかだった。また昭和41年には市役所前に水泳場も設けられ、監視人もいる安全な水泳場として多くの子どもたちで賑わった。背後に見えるのは先代橘橋。『広報みやざき』（同42年7月号）には、「飛び込み台は小学高学年が占拠し、低学年の子どもはなかなか登ることができなかった」「水位が上がらないと飛び込みができないので、満潮になるのを待っていた」「満潮時には川の水がほんのりしょっぱかった」「川ではダクマエビ（テナガエビ）を獲って遊んだりした」などの思い出が記載されている。家庭排水などの汚水が問題となり、47年までに遊泳禁止となった。〈鶴島・昭和30年・提供＝石川悦子氏〉

大淀川河畔の貸しボート　かつて明治時代には、各料亭で舟遊びが行われていた。写真の頃は橘橋北側の下流域、現在の宮崎観光ホテル付近に貸しボートがあった。川沿いには観光ホテルが建ち並び、多くの新婚カップルがボートを利用して、穏やかな流れの大淀川を楽しんでいた。〈橘通東・昭和 30 年頃・提供＝石川悦子氏〉

高岡中央水泳場　大淀川に架かる大の丸橋の北岸上流に設けられていた。高岡小学校のプールは昭和 47 年に完成したが、それまで子どもたちは河川の浅瀬に設けられたこの水泳場で水泳の授業を行っていた。〈高岡町五町・昭和 45 年頃・提供＝天ケ城歴史民俗資料館〉

宮崎サファリパーク　日本初のサファリパークとして昭和 50 年 11 月に開園。猛獣ゾーン、草食ゾーン、ペットコーナーなどがあった。放し飼いのライオンやヒョウなどの猛獣をマイカーや専用ジープで間近で見られる観光スタイルが爆発的なブームとなり、観光宮崎の看板の一つとして全国的にも話題となった。同 51 年の年間入場者は 140 万人、国道 10 号から通じる道路は渋滞するほどであった。しかし類似の施設の増加などが原因で、59 年には 32 万人と入場者が激減、61 年 11 月に閉園した。現在跡地はハイビスカスゴルフクラブとなっている。〈佐土原町下那珂・昭和 54 年・提供＝古場邦子氏〉

交通手段の変遷

―太平洋戦争後の交通機関の発達

国鉄宮崎駅舎　同駅は昭和20年に空襲被害を受け、昭和25～26年にかけて写真の駅舎が再建された。この平屋駅舎は平成5年に高架駅化されるまで長らく用いられた。〈錦町・昭和36年・撮影＝葛英一氏〉

宮崎県では、昭和三十年代に入って観光事業が本格的に展開され、合わせて交通手段が変化していった。同二十九年に宮崎空港が開設され、三十八年には宮崎交通鉄道部の路線の一部を利用して国鉄日南線が開通した。宮崎市は、宮崎県や宮崎交通と協力し、積極的に観光事業に取り組み、皇族の来宮や宮崎を舞台としたテレビドラマの放映を契機として、空前の観光ブームが起こった。

宮崎市街地の大淀川沿いや日南海岸にフェニックスが植栽され、宮崎観光のシンボルとなった。「南国宮崎」は人びとの憧れとなり、昭和四十年代には年間五〇〇万人を超える観光客が押し寄せることとなった。昭和四十七年の沖縄の日本復帰や海外旅行ブームにより、宮崎の観光は低迷することになるものの、その間、道路の改良、国鉄高千穂線の開通、日豊本線の全電化開通、九州縦貫自動車道宮崎線の開通など、観光や物流につながる交通網の整備が進んだ。また、大淀川やその支流には橘橋や高松橋のほか架橋が進み、近世以来人びとを運んでいた渡し船が姿を消すことになった。

宮崎空港は、極東航空株式会社が宮崎～大阪間に一日一往復のローカル線を設けることに始まり、国が定める幹線空港となったことで、昭和四十一年からは大阪便に大型ジェット旅客機が就航した。利用者が大きく伸び、観光の表玄関の一つに成長していった。

宮崎市内のバス事業は、昭和三十年代から四十年代にかけて輸送実績が伸びたが、自動車の急速な普及によって、利用者が自家用車とタクシーなどに流れた。バスの路線網の拡大や走行キロ数は伸びる反面、利用者は同四十三年度をピークに減少傾向となった。一方、自動車は昭和三十年代後半から保有台数が増え始め、宮崎市では同三十八年には一万台、四十九年には六万台を超え、宮崎県内の自動車保有台数の二〇パーセントを占めるまでになった。

自動車やスクーターなどの増加によって、道路の渋滞、騒音や排気ガスによる環境汚染などが市民生活に影響を与えるようになった。道路の舗装が進められ、渋滞緩和のため昭和四十年代後半からバイパスや有料道路の整備・建設が進められた。

（籾木郁朗）

国鉄宮崎駅舎　ちょうど、新婚旅行ブームに沸く頃。宮崎市では、宮崎駅や宮崎空港から観光タクシーに乗り、青島やこどものくに、堀切峠などに向かうのが定番コースだった。運転手の案内で、観光地を回ったという。宮崎駅の構内には客待ちのタクシーが並んでいるのが見える。〈錦町・昭和 47 年・提供＝溝口登志裕氏〉

宮崎駅の構内を走る機関車　宮崎駅の東側にあった貨車の操車場などを青葉陸橋から撮影したもの。西側（写真右奥）が宮崎駅舎。機関車が煙を吐きながら走り始めている。東側（写真左奥）にはガスタンク２基が見える。〈宮崎駅東・昭和 47 年・提供＝大峯正男氏〉

鹿児島鉄道管理局宮崎保線区の職員たち　国鉄宮崎駅西口にあった宮崎保線区建物前にて撮った写真。日頃、線路の補修などに追われている職員と思われる。半袖下着姿なのは、季節が夏でリラックスしているからだろう。〈錦町・昭和 31 年・提供＝川下ミドリ氏〉

大淀川鉄橋を渡る機関車　煙を吐きながら、大淀川の鉄橋を渡る機関車の迫力ある写真。2 月に撮影され、大淀川北岸付近の上り列車である。鉄橋の近くに川の浚渫工事をする船が見える。〈松山・昭和 49 年・提供＝南里晋亮氏〉

平屋の南宮崎駅舎　当時の南宮崎駅舎は木造平屋の建物だった。駅舎前の花壇にはフェニックスの幼木が植えられ、下の写真と電話ボックスの形が違い、新しくなっている。同駅は昭和 51 年に現在の鉄筋コンクリート造りの橋上駅舎に建て替えられる。〈錦町・昭和 47 年・提供＝溝口登志裕氏〉

新婚旅行時に南宮崎駅にて　新婚旅行での新郎の記念写真。新郎はコートを羽織り、やや緊張した面持ちで立っている。背後には日本食堂の建物、丹頂形電話ボックス、四角い郵便ポストが見える。〈東大淀・昭和 42 年・提供＝髙橋敏夫氏〉

南宮崎駅に停車中の車両チハ 102 号　宮崎交通線を走るチハ 102 号が南宮崎駅に停車している。当時宮崎交通は電気自動車を導入しており、その経験を活かして、鉄道線で国鉄の車両を購入し、蓄電池動車に改良した。1 両編成で、ほぼ満員の乗客を乗せているのが見える。〈東大淀・昭和 30 年・撮影＝佐藤進一氏〉

さようならＳＬ　国鉄の機関車Ｃ 57 169 が、最後の運行を迎えた昭和 49 年 4 月 24 日に南宮崎駅にて撮影したもの。機関車の前面に「さようなら」と書かれた化粧パネルを付けている。「貴婦人」の愛称で呼ばれたＣ 57 形は、日本で旅客営業運転を行った最後の蒸気機関車である。〈東大淀・昭和 49 年・提供＝南里晋亮氏〉

木花駅ホームにて　男の子のすぐ後ろには、枕木が積み上げられている。同駅は県総合運動公園に近く、令和に巨人軍カラーの駅舎に塗装された。〈熊野・昭和 31 年頃・個人蔵〉

青島駅舎　現在は無人駅になっているが、当時は駅員もいて、海水浴の季節になると乗降客でにぎわっていた。駅の入口には売店があり飲食物やお土産を売っていた。駅舎は改修されながら、現在も使われている。〈青島西・昭和 47 年・提供＝溝口登志裕氏〉

大淀川鉄橋を渡る蒸気機関車と客車
大淀川の北側から南宮崎駅へ向かう下り列車。先頭を走る蒸気機関車の後ろに荷物車、寝台車や２両のグリーン車が連結されている。定期的に蒸気機関車が牽引する急行列車としては国鉄最後の「日南３号」と思われる。〈市内・昭和 49 年頃・提供＝南里晋亮氏〉

宮崎神宮駅舎　宮崎神宮に近く、神宮参拝客や宮崎大宮高校の生徒たちなどを迎え、送り出す駅として利用されてきた。周囲に多くの自転車が止められている。この和風建築の駅舎は平成 19 年に解体され、現在は赤い鳥居、駐車場、駐輪場に代わっている。〈神宮東・昭和 47 年・提供＝溝口登志裕氏〉

蓮ヶ池付近を走る御召列車　昭和48年に宮崎県で開催された第24回全国植樹祭に、昭和天皇・皇后がお見えになった。その後、地方視察のため、菊の御紋があしらわれたC57 117が牽引する御召列車で、4月12日に宮崎駅から延岡駅に向かわれた。〈村角町付近・昭和 48 年・提供＝南里晋亮氏〉

広瀬駅で列車待ち　大正時代に宮崎県営鉄道妻線が敷設されたときに設置された福島駅が、後に広瀬駅になった。駅の待合室外に置かれたベンチに、荷物を抱えた男性たちが列車を待っている。同駅は昭和 40 年に佐土原駅（二代目）に改称した。〈佐土原町下田島・昭和 31 年頃・提供＝青山功氏〉

建替え前の清武駅構内　大正 4 年に設置された清武駅は、国鉄宮崎線の主要な駅として利用されてきた。近年は近隣に住宅地や国公立・私立大学があり、商業施設もでき、地域住民と学生たちなどの足となっている。写真は現在の駅舎に建替えられる前で、ホーム側から撮影したもの。〈清武町船引・昭和 57 年・提供＝宮崎市〉

清武駅の蒸気機関車群　国鉄清武駅に放置されたC57形。ナンバープレートや、動輪を回転させるためのメインロッドは外されている。写真右の9号機は昭和49年6月20日付で廃車となったのち、解体された。撮影は廃車前の同年5月5日だが、既に事実上の引退状態である。少なくとも4両の機関車が並んでいるのが見える。〈清武町船引・昭和49年・提供＝南里晋亮氏〉

清武町の鉄橋を渡る蒸気機関車　清武町の鉄橋上を走る蒸気機関車。黒煙を吐き出すダイナミックな姿が印象的である。この翌年、C57形は国鉄日豊線を引退することになった。〈清武町内・昭和49年・提供＝南里晋亮氏〉

田野町内を走る蒸気機関車　西鹿児島駅から宮崎駅間を運行していた蒸気機関車。写真奥は田野町の市街地で、黒煙と白煙を吐き出しながら築堤の上を走っている。〈田野町内・昭和 49 年・提供＝南里晋亮氏〉

井倉川を渡る SL　井倉川に架かる鉄橋の橋脚はレンガ造りである。奥が北西で、右奥には渡邊酒造場の煙突が写っている。〈田野町内・昭和 25 年・提供＝道本英之氏〉

高岡の街中を走る省営バス　高岡町では、昭和初期には宮交バスによる高岡〜宮崎間が発着していた。同 30 年には高岡〜綾間の宮交バスが開通、41 年に瀬越地区に国鉄バスが開通している。しかし写真当時は身近な足といえば自転車が主で、各家前に複数台止まっている。写真右側には円筒型郵便ポストが見える。〈高岡町内・昭和 30 年頃・提供＝天ケ城歴史民俗資料館〉

ディーゼルバスの前で　勤めていた自動車関係の元の職場に、生まれた赤ちゃんを連れてあいさつに来たところ。背後のバスには、車体の横に「いすずデーゼル」と書かれ、笑顔の運転手と職員が乗っている。〈市内・昭和 30 年・提供＝本田書店〉

橘通三丁目バス停に停まる国鉄急行バス　車体の横に「日本国有鉄道」と書かれた小林発宮崎行急行バスが、橘通三丁目バス停に停まっている。バス停に切符の販売と乗客整理をする職員がいるのは見慣れた光景だった。後ろには別の宮崎交通バスが停まろうとしている。〈橘通西・昭和 27 年・提供＝天ケ城歴史民俗資料館〉

宮崎交通本社新社屋の落成　昭和 30 年代の新婚旅行ブームを背景に、南宮崎駅前を中心に再開発が進み、宮崎交通は社屋の建設を行った。昭和 36 年 7 月 24 日に起工、翌 37 年 7 月 9 日に竣工した。地上 5 階、地下 1 階で全館コバルトブルーのタイル張りの建物だった。〈大淀・昭和 37 年・提供＝那須啓人氏〉

宮崎交通バス乗り場にて　橘百貨店の西側に、宮崎交通のバス乗り場があった。バス乗り場事務所の前には、タクシーが整然と並んで停まっている。橘百貨店はちょうどお中元の大売り出し中である。白い半袖シャツに夏の日差しが感じられる。〈橘通西・昭和 37 年・提供＝清水岩生氏〉

宮崎交通のバスガイドによる観光案内　バスに乗って宮崎県内を案内をする宮崎交通の観光バスガイドは、女性の憧れの職業。路線バスの車中では黒いバッグを抱え、切符を売る車掌も人気だった。昭和 30 年代は道路が整備されておらず、ガタガタ揺れる中で話をしていたという。〈市内・昭和 30 年代半ば・提供＝佐藤智子氏〉

堀切峠を走るバス　現在は舗装され二車線の道路が整えられているが、当時の堀切峠の道は幅が狭く、未舗装だった。ガードレールもない道を内海に向かって、バスは走った。道路脇にはフェニックスが植えられ、南国ムードを演出している。〈内海・昭和 30 年・提供＝石川悦子氏〉

社用バイクに乗る生徒　宮崎山形屋の数軒隣にあったマルイ衣料品店の社用スクーターに乗っているのは、宮崎女子高等商業学校の生徒。スクーターは「マルイ衣料品店」と社名が書かれたシルバーピジョンで、前方に鳩のマークがあり、その中央に三菱のロゴマークが見える。〈橘通東・昭和 28 年頃・提供＝猪俣広宣氏〉

シルバービジョンにまたがる笑顔の男性　大成銀天街の電器店の前で、男性が笑顔でスクーターにまたがっている。シルバービジョンは中日本重工業（現在は三菱重工業）が製造・販売していた。〈橘通西・昭和 25 年頃・提供＝鳥丸洋氏〉

宮崎競馬場にて　宮崎競馬場の階段席前の踊り場で、オートバイにまたがって撮影したもの。スーツに身を包んだ二人の男性がオシャレな姿で写っている。宮崎競馬場は、現在の JRA 日本中央競馬会の宮崎育成牧場になっている。〈大島町・昭和 34 年・提供＝井内節子氏〉

店前でバイクに乗って　谷口はきもの店の中村町３丁目本店は武徳殿通にあった。当時珍しかったカワサキ製メグロのバイクに乗ってポーズを取るのは店主。当時、お中元やお歳暮に下駄を送ることが多く、このバイクで都城支店まで下駄を運んだという。中村町だけで５軒の履物店があったが、昭和 50 年代には需要が減り多くの履物店は観光土産屋に鞍替えした。〈中村町・昭和 30 年代・提供＝遠山銃砲店〉

雨天でも濡れないように幌付きの軽オート三輪　白字で西中紙店と書かれた軽三輪トラックで、幌が付いている。マツダが製造していたK360で、商用車として利用された。左は西中紙店、右隣は宮崎製茶で、高千穂通1丁目の東雲通り東沿いにあった。現在、宮崎製茶は橘通東4丁目に移転している。〈高千穂通・昭和40年・提供＝伊藤右美氏〉

県庁前に停まったスズライト　スズライトは、鈴木自動車が初めて生産した市販型4輪自動車で、昭和30年に発売された。宮崎県庁正面のフェニックス前に2台並んでおり、車のナンバーは続き番号になっている。車の宣伝のために撮られた写真と思われる。〈橘通東・昭和30年頃・提供＝鳥丸洋氏〉

道本食品の戦時型トラック　戦時型トラックとは、鋼材などの資材を節約して製造されたトラックのことである。デンプン搬入用の４トントラックと従業員が写る。〈田野町甲・昭和 30 年頃・提供＝道本英之氏〉

名車と一緒に記念写真　昭和 31 年発売のプリンス自動車工業セダン AISH-V 型車は、車体と屋根部分のツートンカラーで人気を博した。背景に丸善石油、たちばな美容室が写り込んでいる。〈橘通・昭和 30 年代・提供＝猪俣広宣氏〉

ぼくの愛車に乗って　父親の車のボンネットに乗せられ、子どもが笑っている姿が微笑ましい。車は昭和 35 年に発売された三菱 500。三菱自動車が戦後初めて手がけたコンパクト・ファミリーカーで、前面に三菱のロゴマークがある。背景には再生用タイヤが積み上げられている。〈神宮東・昭和 43 年頃・提供＝井内節子氏〉

外車のタクシーと運転手　昭和 30 ～ 40 年代の観光ブームの中で、宮崎県には県外からの観光客が増え、宮交タクシーでは外車を導入した。観光案内の途中で宮交タクシーの運転手とアメリカ車のフォード・ギャラクシーを撮影したもの。〈市内・昭和 42 年頃・提供＝明利和代氏〉

愛車とお正月の記念に　宮崎市役所付近の路上にて。車の正面に松飾りが施してあり、お正月に愛車とともに撮影したものか。愛車は昭和 41 年発売の初代マツダ・ルーチェ。新世代のエンジンを採用し、6 人乗りの車だった。〈橘通西・昭和43年頃・提供＝古場邦子氏〉

宮崎市役所前交差点の混雑
現在の宮崎市役所前交差点を南西側から撮影したもの。橘橋を渡り北向きに走る宮崎交通バスや普通乗用車・オートバイ、南向きに走るバスなどが行き交っている。横断歩道はなく、自転車が車道を走っている。左奥のタワーは朝日新聞宮崎総局のもの。〈橘通西・昭和 35 年以降・提供＝宮崎市〉

交通ラッシュ始まる　昭和 40 年代はモータリゼーションの時代で、自家用車を購入し運転することが普通になっていった。そのため、各地で自動車の混雑が見られるようになり、風景が変わった。町の中心部の渋滞はひどく、写真の道路では朝夕に車が 1 キロ以上も並んだという。〈高岡町五町・昭和 48 年・提供＝天ケ城歴史民俗資料館〉

小松渡しとその周辺　近世から近代にかけて大淀川には橋が少なく、各所に渡場があり、渡船で人馬を運んだ。渡場では川底を浚渫《しゅんせつ》して船を入れ、乗客を乗せた。小松の渡しは、現在の小松付近で、水道局の西にあったらしい。堤防には礫石《れきいし》が積み上げられ、洪水を和らげる効果を期待したのだろう。〈小松付近・昭和 28 年・個人蔵〉

有田の渡しで渡船に乗る小中学生　有田の渡しは「柳瀬の渡し」あるいは「糸原簗瀬」とも呼び、現在の有田橋付近にあった。倉岡小学校や宮崎北中学校の通学路になっており、宮崎市から委嘱された渡し人に乗せてもらった。水深があり急流だったため、熟練の渡し守でなければ下流へ押し流されたという。〈糸原・昭和 38 年・提供＝吉田教雄氏〉

長崎の渡しで渡船に乗る人びと　高岡町にあった長崎の渡し。昭和 50 年代になっても、長崎地区では川舟を使って行き来していた。船頭が一人いて、船の後ろで棹を持って操縦し、船の舳先には女性が立って安全を確認していた。〈高岡町五町・昭和 52 年・提供＝天ケ城歴史民俗資料館〉

宮崎空港にて小型軽飛行機と一緒に　郵便局員だった男性が、航空便事業のため宮崎空港に行った際に、小型飛行機をバックに撮ったものと思われる。小型軽飛行機はビーチクラフト社のボナンザと思われるが、詳細は不明。〈赤江・昭和30年代・個人蔵〉

極東航空が定期航路開設　昭和32年、極東航空が宮崎～大阪間の定期航空路を開設した。写真は「九州」と書かれたデ・ハビランド社（イギリス）のDH-104ダブの前で撮ったもの。新婚旅行ブームなどで宮崎県の観光客が急増し、定期航路の開設につながった。極東航空は後に全日本空輸株式会社（ANA）となった。〈赤江・昭和30年代・提供＝多田将氏〉

スナップ写真で見る暮らしの諸相

買い物客でにぎわう青空市場　上野町通りから西橘通りに道路を設けた際、昭和 26 年頃に残された三角地にあった、戦後闇市の一つで、野菜類、果物、切り花、しじみなどが売られていた。その後も陳情書により存続していたが、同 37 年に 44 人だった出店者も 50 年には 19 人と激減した。現在はバージニアビーチ広場として整備されている。〈上野町・昭和 38 年・提供＝清水岩生氏〉

家族アルバムのスナップ写真には、宮崎市民の暮らしが残されている。バスが人びとの足であった時代には、駅前よりも橘通に人びとは集った。まずは橘通の歴史を概観する。

明治十三年に完成した「橘橋」は、橋にかかる街道を祝詞に由来しての命名でこの橘通と呼んだのが始まりで、正式に橘橋となったのは明治二十一年に宮崎町が誕生してからである。

宮崎山形屋は、昭和十一年十二月、当初旭通に開業した。現在地に四階建てで新築移転したのは同三十一年、更に四十一年に六階建てへの増改築を行った。

橘百貨店は、昭和二十七年七月に創業、橘通の中心地となった。その後、同三十四年に宮崎スーパーマーケット（丸山町）、三十九年にフクエー大丸（上野町）、四十年にショッピングセンターマルショク（中央通）、四十七年にいずみや宮崎店（京塚町）、四十八年に寿屋宮崎店（橘通東）、宮交シティ（大淀）、四十九年に宮崎ショッピングバザール・ユニード（橘通東）が開業し、橘通の賑わいは分散していったが、写真に残されているのは山形屋と橘百貨店の写真が多い。

スナップ写真は、個人が気軽に撮影できるようになってから、主に戦後になってからの写真が中心であるが、なかにはまだ戦争の爪痕の残った家族写真もある。高度経済成長期以降、各家庭で子どもたちの成長を記録するようになり、そこには子どもたちが遊ぶ表情のみならず、舗装されていない道や子守をしながら遊んでいる姿、伝統的な季節行事などが記録されている。

また、暮らしの変遷も見て取れる。伝統的な家事の方法に生活改善運動が起こり、近代合理的な暮らし方が宮崎にも普及する。そして、戦後、全国的に普及するのが電化製品である。簡易なものから普及し、昭和三十年代には、「三種の神器」と呼ばれたテレビ、洗濯機、冷蔵庫が普及する。少しずつ家事労働の負担が減っていくと、女性たちは様々な趣味を持つ余裕ができた。洋裁ブームが起き、家庭用ミシンや家庭用編み機を購入して、手作りのファッションも楽しみの一つとなった。

そのほか、本章に収録された写真には、葬式などの人生儀礼、せんぐまきなどの伝統行事、農作業など働く姿、様々な職人が登場してくるが、文献には残されない、人びとの暮らしの歴史が記録されている。

（渡辺一弘）

橘百貨店の屋上展望所　橘百貨店は、昭和 27 年に後藤良則が創業。同 30 年に 1 階から 3 階までエスカレーター 2 台を加え、地上 5 階地下 1 階建となった。屋上の展望所で東方向を向いて撮影。背面に社旗がはためいている。〈橘通西・昭和40年代・提供＝清水岩生氏〉

橘百貨店の食堂　宮崎大学附属中学校の女学生たちが食事中。橘百貨店は、昭和 47 年にイズミヤ、その後、寿屋、ユニード、ダイエーが次々と開業し、苦戦するようになり、同 50 年に閉業した。同百貨店の北にあった映画館・橘会館は MRT 宮崎放送に引き継がれた。〈橘通西・昭和 32 年頃・提供＝富永泰子氏〉

橘百貨店の屋上遊園地①　西に向かって撮影している。背景に日立テレビの看板が見えている。屋上には流水に浮かぶ船に乗る遊具のほか、観覧車、回転ボートチェア、木馬、展望台、観光望遠鏡などがあった。〈橘通西・昭和 30 年代・個人蔵〉

橘百貨店の屋上遊園地②　日曜日の子どもの楽しみといえばデパートのレストランと屋上遊園地。父親と一緒に乗った遊具の飛行塔から見わたす景色は、格別だった。〈橘通西・昭和 39 年頃・提供＝伊藤右美氏〉

橘百貨店の屋上遊園地③　8 月の夏休みに家族で来園。背後に観覧車が見える。〈橘通西・昭和 32 年・提供＝横山伴子氏〉

山形屋の屋上遊園地①　先頭車両は電車を模しているようだ。日豊本線の電化は昭和 40 年代で、電車も憧れの乗り物だった。〈橘通東・昭和 30 年頃・提供＝岩切義弘氏〉

山形屋の屋上遊園地②　幼児でも遊べる馬の遊具。山形屋には子どももおめかしをしてお出かけした。〈橘通東・昭和 38 年頃・提供＝伊藤右美氏〉

山形屋の屋上遊園地③　半円型シーソーに女性２人で乗っている。無料で遊べる遊具もあった。左奥の稲荷神社は現在も祀られている。〈橘通東・昭和 30 年頃・提供＝小川悦子氏〉

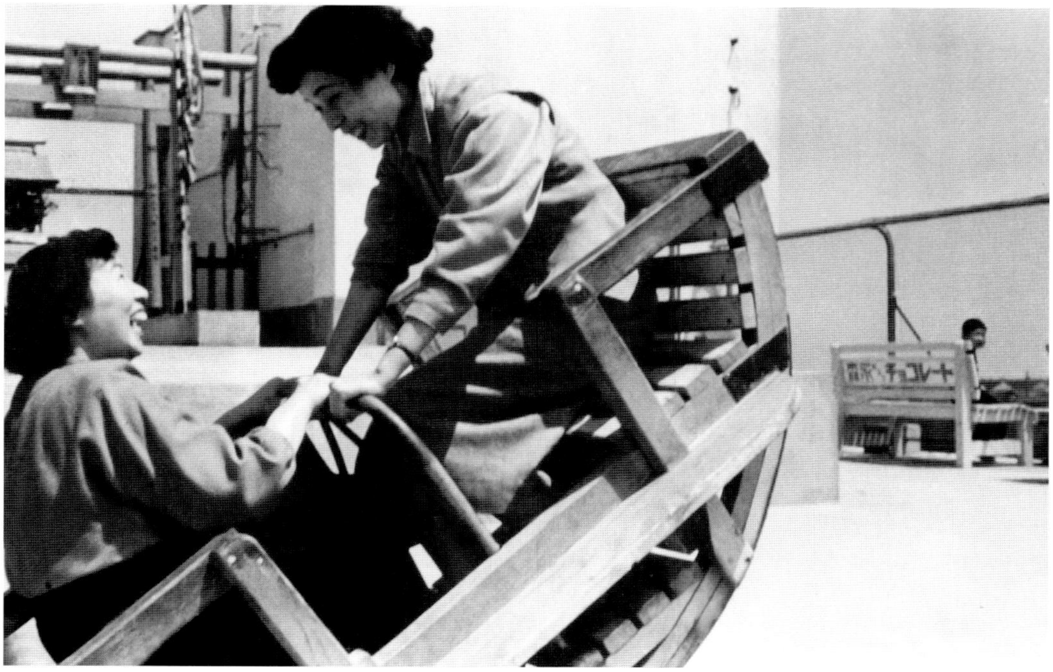

春の嵐のなか橘橋を渡る人びと　3 月 20 日、橘橋から北方向を撮影。左側が市役所。和服の女性もまだ多くいた。籐製の買物カゴはこの頃よく使われていた。〈橘通西・昭和 41 年・提供＝時任勉氏〉

戦後 10 年の家族写真　右から写真提供者の祖母、姉を抱く母、父、祖父、父の従兄弟。父と従兄弟は 14 歳で予科練へ行き、更に父は鹿児島海軍へ。従兄弟は大分陸軍予科練へ配属されたが、特攻隊として出撃する前に終戦を迎えた。自宅は空襲で全焼したが、戦後、親戚の不要な家を解体した木材で写真の家を建てた。木材の確保にも苦心する時代であった。〈権現町・昭和 30 年・提供＝坂元牧子氏〉

我が子を連れて実家前で　まだ赤ん坊の娘と、防寒用の耳当て付き帽子をかぶる息子を連れて、母親が実家に帰省した。学生服の少年は親戚の子。道路はまだ舗装されていない。〈熊野・昭和30年代前半・個人蔵〉

長火鉢で一服　下北方町古城下に住んでいた男性で、瀬戸物売りをしていた。長火鉢の五徳の上にやかんが置かれ、灰ならしがさしてある。脇には急須、その下は茶筒である。〈下北方町・昭和26年頃・提供＝富永泰子氏〉

キセルで一服　女性の喫煙者も少なくなかった。キセルを使うにはたばこ盆が必要で、近くに置かれていると思われる。〈花ケ島・昭和30年代半ば・個人蔵〉

宴会　かつて県庁近くにあった旅館・黒潮での宴会のようす。卓上の七輪に鍋がかけられ、敷物が敷かれている。徳利だけでお酒を楽しんでいる。右奥は火鉢である。〈宮田町・昭和30年代・個人蔵〉

那珂地区の余興　地域住民たちによる余興での記念撮影と思われる。女性たちは浴衣や華やかな着物、左の男性は那珂村農業共同組合と書かれた法被を着ている。当時は農閑期やイベント事など、何かにつけて人びとは芝居、舞踊、仮装などを楽しんだものだった。〈佐土原町東上那珂・昭和20～30年代・提供＝五代雅浩氏〉

宮崎神宮の藤棚の下での宴会　近隣の人たちで集まり、大人たちは一升瓶で酒宴を、子どもたちも重箱の料理を楽しんでいる。後ろに見えるのは新徴古館。まだ藤は見頃ではない。〈神宮・昭和 23 年頃・提供＝井内節子氏〉

宮崎神宮の藤まつり　藤まつりは、明治 40 年 2 月に白藤が奉献されたのが始まりで、同 43 年から藤棚の元での宴席が恒例行事となった。戦争で中止していたが、昭和 23 年に宮崎商工会議所が主催する市民に開かれた藤まつりとして復活した。写真は、書店経営者たちが家族連れで催した宴会。この頃の藤棚は立派で、同 30 年から藤まつりのパレードに藤駕籠道中が参加し、賑わいを増した頃である。〈神宮・昭和 30 年代・提供＝本田書店〉

国立赤江療養所　同所は昭和 27 年に設立され、同 55 年、国立療養所宮崎東病院と改称された。入院中の家族を皆で見舞いに行った時の一枚。〈田吉・昭和 31 年頃・提供＝長友浩教氏〉

橘通の火の見櫓　山形屋と県庁の間、若草通り横にあった火の見櫓が奥に写る。下駄履きで自転車に乗るのも当たり前であった。自転車はロッドブレーキである。〈橘通東・昭和 30 年頃・提供＝本田書店〉

葉タバコ乾燥小屋　田野町は葉タバコの栽培が盛んな地域。兄弟で自宅の乾燥小屋の前にて記念撮影。制服は田野中学校のもの。〈田野町乙・昭和 35 年頃・提供＝平原哲夫氏〉

ペットの山羊　山羊の背に座らされた赤ちゃんは怖がるようすもなく、山羊もおとなしくしている。この家ではペットとして山羊を飼っていたという。〈田野町乙・昭和 33 年・提供＝平原哲夫氏〉

新生児を量る　助産婦さんか看護婦さんが、吊り下げ式のかごに新生児を入れ、チキリ（竿秤）で体重を量っている。畳の上には往診カバンや薬瓶らしきものがある。〈高千穂通・昭和 36 年・提供＝伊藤右美氏〉

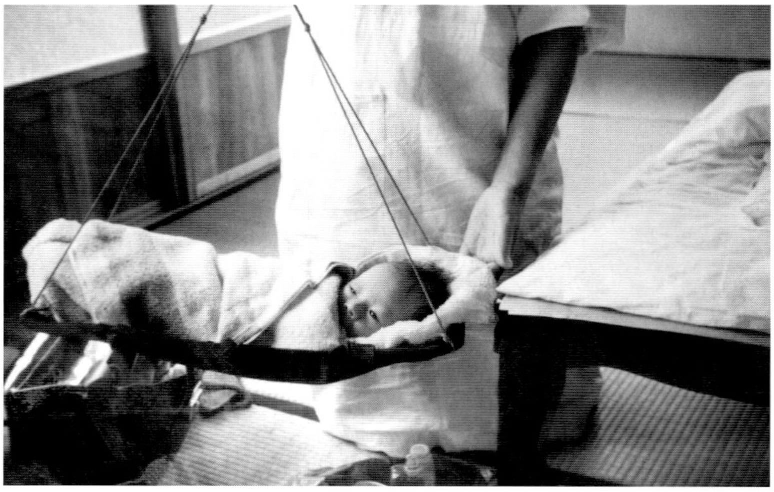

大きなゆりかご　ネットで吊られた竹製のベビーベッド。後ろのタンスには当時のラジオや時計が置かれている。〈城ケ崎・昭和 38 年・提供＝明利和代氏〉

子守りをする女性　東雲通りにて、和服に割烹着を着て赤ん坊をおんぶしている。東雲通りには小さな商店街があり、ここから北へ関西理容所、田中家具店、井上会計、大田原たばこ店、中央市場と続く。〈橘通東・昭和 37 年・提供＝伊藤右美氏〉

増築した台所で記念撮影　大きな水屋箪笥の前に置かれたダイニングテーブルにはテーブルクロスがかけられ、その上の食器類には折りたたみ式の蝿帳《はいちょう》がかぶせてある。流し台はタイル張りで、ガラス窓には足付きのまな板が立てかけられている。広くなった台所に、写る姉妹も嬉しそう。〈恒久・昭和 30 年代後半・提供＝忠平悦子氏〉

井戸端会議　奥の井戸は手押し式ポンプである。盥《たらい》や桶《おけ》、籠《かご》を置いて手洗いで洗濯をしている。手前では楽しそうに世間話をしながらトウモロコシの皮を剥いている。〈高千穂通・昭和 30 年頃・提供＝石川悦子氏〉

井戸端での洗濯　井戸水をバケツに汲み、盥に押し付けながら揉み洗い、濯いだ水は盥を傾けて流す。洗濯はかなりの力仕事であった。〈市内・昭和 30 年頃・提供＝石川悦子氏〉

洗濯板でごしごし　台の上に金盥を載せて、しゃがまずとも洗濯ができるよう工夫している。〈恒久・昭和 30 年代・提供＝忠平悦子氏〉

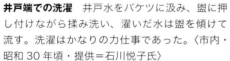

電気洗濯機　白黒テレビ、冷蔵庫とともに「三種の神器」ともてはやされた。洗った後、濡れた衣類をローラーに挟んで、取っ手を回すと水をしぼることができた。家事労働が楽になった。〈佐土原町上田島・昭和31年頃・提供＝青山功氏〉

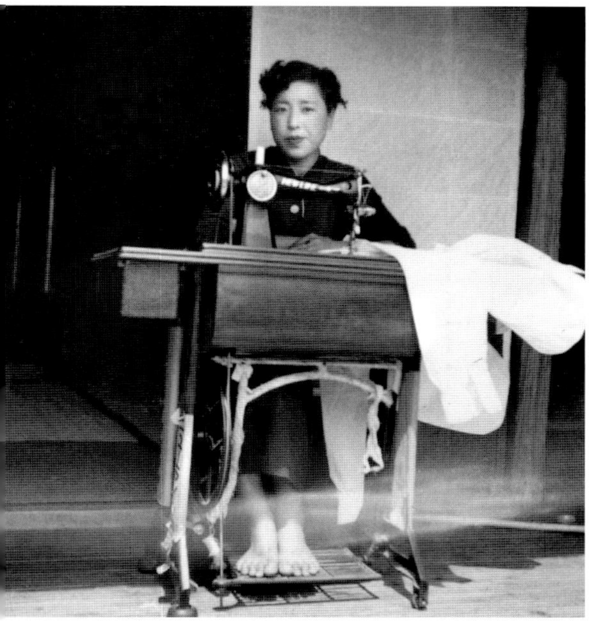

足踏みミシン　田原理容所の縁側で衣類を縫っている。女性は名古屋の紡績工場に勤めていたこともあり、手芸が得意だったという。戦後の洋裁ブームで、足踏みミシンは各家庭に普及。当時は服を自作するのは一般的で、自分で洋装を作り、おしゃれを楽しむ人も多かった。〈恒久・昭和34年・提供＝坂口まゆみ氏〉

家庭用編み機　戦後の洋裁ブームで足踏みミシンとともに家庭用の編み機も普及した。この機器は中央にカウンターが付いており、編んだ段数が表示された。この女性は和洋装を習い、大変器用で多趣味であったという。〈佐土原町上田島・昭和38から39年・提供＝青山功氏〉

陳列品のテレビ　写真は鳥丸ラジオ店の店頭。時代はやがて「三種の神器」の冷蔵庫、洗濯機、白黒テレビから、カー、クーラー、カラーテレビの「3C」へと変わって行く。〈原町・昭和35年頃・提供＝鳥丸洋氏〉

店頭でテレビ観戦　学校帰りの子どもたちが鳥丸ラジオ店のテレビを立見している。看板には「録音機テレビジョン」「宮崎交通指定宮崎県選定サービス」との文字が見える。昭和 39 年の東京オリンピックを機に、各家庭へテレビが急激に普及した。〈原町・昭和 35 年頃・提供＝鳥丸洋氏〉

正座してテレビを見る　兄弟でテレビにかじりついている。この時期にはすでにカラーテレビが主流になっていた。〈大塚町・昭和 61 年・提供＝谷口昌広氏〉

遠山銃砲店の店内　明治 29 年創業の老舗。撮影当時、宮崎県では狩猟がブームで店内も大賑わいであった。ハトやウズラなど鳥類を目的とした散弾銃が特に売れ、上下二連、水平二連、自動三連などの種類があった。当時の店は橘通東 4 丁目の江坂商会裏にあり、2 階建てで東側には建物が無かったため日向灘が見渡せたという。昭和 63 年に船塚へ移転、現在は 4 代目が継いでいる。〈橘通東・昭和 30 年代・提供＝遠山銃砲店〉

正月の晴れ着　東雲通りにて。一葉稲荷神社へ初詣に行く前に記念撮影。この頃は、着付けも自分で行える人が多かった。〈橘通東・昭和 41 年頃・提供＝伊藤右美氏〉

家族で初詣　正月に江平の氏神である権現様（現江平熊野神社）に参拝。同神社は戦災を免れたが、終戦直後の台風により社殿が全壊。現社殿は昭和 31 年に竣工した。〈江平東・昭和 52 年頃・提供＝本田書店〉

雛飾り　浜田産婦人科で、子守り兼お手伝いで働いていた写真提供者の母が、院内にて患者の子どもたちと撮った記念写真。同病院では、入院患者にロールキャベツやオムレツなど、当時としてはおしゃれな食事を提供していた。〈北高松町・昭和 19 年頃・提供＝時任勉氏〉

たくさんの盆提灯　初盆の際、親族は絵柄入りの盆提灯を送った。曾祖母の初盆で、男の子が正装して写真に納まる。近年は住宅事情の変化などからあまり見ない風習となった。〈吾妻町・昭和 12 年・提供＝那須啓人氏〉

棟上げ式　棟上げでは餅やお菓子、お金をまく「せんぐまき」が現在でも行われる。親族や近所の人、また噂を聞いて集まってきた人に向けてまかれた。〈大塚町・昭和 59 年・提供＝谷口昌広氏〉

講の集まり　地域の講中《こうじゅう》の人が集まり、様々な神仏を名目に慰労会として飲み会が行われる。〈花ヶ島町・昭和 30 年代・個人蔵〉

野辺送り　自宅での葬儀後、寝棺をよったり（4人）で担いで、土葬にするために墓地へ向かい、葬列で野辺の送りをした。棺桶には天蓋をかざして太陽を避けた。担ぎ手が頭に着ける白手拭いと草履は、棺桶と一緒に墓地に埋められた。〈佐土原町下田島・昭和 42 年・提供＝倉永憲禧氏〉

野辺の送り　寝棺をリヤカーに載せて自宅から墓地へ向かう。善法山帝釈《たいしゃく》寺《じ》の住職のあとを、遺影を持った少女を先頭に、親族、関係者が続いた。昭和 44 年に新設備を整えた市営の火葬場が郡司分に完成した。〈下北方・昭和 31 年・提供＝富永泰子氏〉

精霊流しの行列　松厳寺での初盆の法要を終えた人びとが、多くの提灯や飾りを持って一ツ瀬川の堤防へと繋がる道を歩く。先頭は同寺の住職。かつては三財川と一ツ瀬川の合流地点辺りの岸辺で提灯を燃やし、川へ流していた。〈佐土原町上田島・昭和 32 年・提供＝青山功氏〉

家族総出の田植え　月見ヶ丘の住宅地ができる前、現在の宮崎南高校の北側には田んぼが広がっており、多くのため池で水を確保していた。子どもも田植えを手伝っている。宮崎南高校は昭和37年4月に開校し、月見ヶ丘は同53年に整備された。〈月見ケ丘付近・昭和30年頃・提供＝忠平悦子氏〉

農作業中の休憩　御手洗《みたらい》地区周辺の畑。写真奥が西で、塩路の西側には田んぼ、東側には畑が広がっていた。この辺りではメロンやスイカをつくっていたという。〈塩路付近・昭和30年代・提供＝長友浩教氏〉

干し大根の生産　宮崎の風土は干し大根作りに適しており、干し大根生産量は日本1位である。冬季に鰐塚山系から吹く冷たい西風、通称「鰐塚おろし」と、日照時間が長く温暖な気候により、甘味のあるぽりぽりとした食感の干し大根となる。〈高岡町内・昭和50年・提供＝天ケ城歴史民俗資料館〉

大根干しの櫓　道本食品は昭和41年に漬物工場へと転換した。当初は自社内で大根干しを行うなど試行錯誤が続いたが、契約する地元農家の元で大根干しをすることで安定した生産が可能になった。約6メートルの櫓を梯子のように登って、大根干しは手作業で行われる。〈田野町甲・昭和43年・提供＝道本英之氏〉

広大な大根干しの風景　写真は下井倉地区である。道本食品により、大根干しは田野町の冬の名物となった。昭和 40 ～ 50 年代にかけてスーパーが増加していき、たくあんの需要は右肩上がりであった。〈田野町甲・昭和 53 年頃・提供＝道本英之氏〉

畑での仕事着　手拭い、手甲、地下足袋、モンペ姿で、脇にはネコ車。女性はサツマイモなどを作っていたという。後ろには立派な棕櫚《しゅろ》が生える。棕櫚は繊維を農作業などに利用できたことから、自宅の庭などに植えられていた。〈吉村町・昭和 40 年代・提供＝岩切利幸氏〉

馬車屋　戦後も田野町では車が入れない山奥や細道がまだ多く、依頼を受けて木材などを運ぶ馬車屋が残っていた。写真の家では農家と兼業で戦前から営んでいたが、昭和 57 年頃に廃業したという。〈田野町甲・昭和 53 年頃・提供＝平原イク子氏〉

山へ柴刈り　かつては燃料を枯れ木や枯れ葉など木材に頼っており、住民らの柴刈りによって山は自然と手入れがされていた。しかし枯れ木を背負子や籠で背負って、未舗装の山道を運搬するのは非常に重労働だった。〈田野町内・昭和20～30年代・提供＝道本英之氏〉

靴職人の見習い　江平五差路角にあった西岡製靴店前で、右は女将さん、左の作業着を着た青年は見習い職人。中学卒業後、住み込みで靴職人見習いとして働いていたという。店によって作りが違うので2、3年おきに店を転々と変え修行するものだった。〈江平西・昭和32年・提供＝柳本芳明氏〉

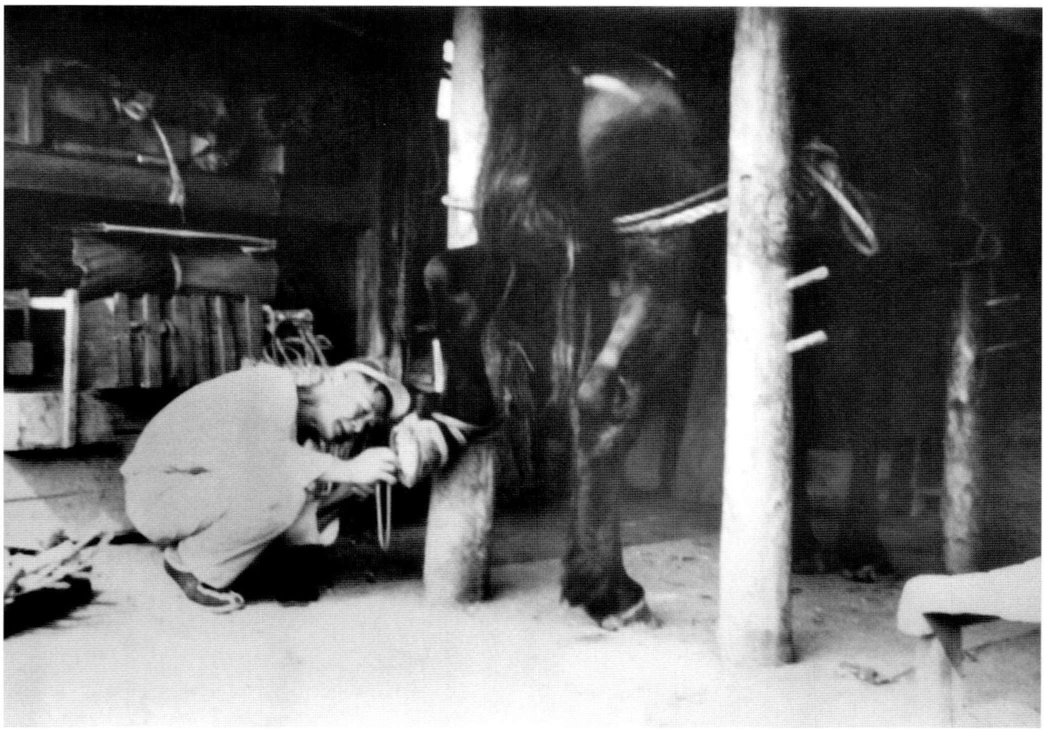

農耕馬の爪とぎ　爪とぎは蹄鉄《ていてつ》をつける際に必要な手入れで、定期的に必要であった。昭和30年代までは農耕に馬が利用されており、写真の男性は、爪とぎ師などを生業《なりわい》としていた。〈太田・昭和32年頃・提供＝時任勉氏〉

井内ゴム工業所　もともとは昭和２年に土佐から宮崎へ移住し、荷馬車作りを始めたのが最初という。同24年に井内ゴム工業所として創業し、のちに古タイヤをリサイクルして再生タイヤをつくる事業へ転向、井内ゴム車両と改称した。49年に閉業。現在、跡地には明林堂書店神宮店が建っている。〈神宮東・昭和37年・提供＝井内節子氏〉

佐土原人形ますや　右から岩切和子（５代目）、上田昌三（４代目の上田モリの夫）。昌三の本業は宮大工で、大光寺などに携わった。ますやは江戸時代は造り酒屋だったが、その頃に人形づくりを始めた。初代阪本作衛門が工房を開き、２代目兼次郎、３代目兵三郎、４代目上田モリ（３代目姪）で途絶えていたが、岩切和子（３代目長女）が再開した。〈佐土原町上田島・昭和44年・提供＝佐土原人形店ますや〉

多田産業　昭和12年創業。老舗剣道防具製造会社として有名であった。同社の職人が防具作りの作業中。現在は西都市に移転し、日本剣道具製作所の名で営業している。宮崎県は剣道が盛んで、各地に道場があった。〈大島町・平成8年・提供＝柳本芳明氏〉

甘藷デンプン工場時代の従業員　従業員は地元の田野町民がほとんどであった。笑顔の従業員たちが写る。漬物工場に転換した現在も、道本食品は田野町内の農家と契約して大根を生産、地元農業の支えとなっている。〈田野町甲・昭和29年頃・提供＝道本英之氏〉

渡邊酒造場の従業員たち　杜氏や、法被姿の蔵人たちが写る。同酒造場ではのちに国税局酒類鑑評会の優等賞を受賞している。〈田野町甲・昭和 30 年頃・提供＝渡邊酒造場〉

渡邊酒造場の煙突　同酒造場の南東には日豊本線が走っている。線路脇で蔵人が記念撮影。後ろの煙突はボイラー用のもので、この頃は石炭が燃料であった。〈田野町甲・昭和 30 年頃・提供＝渡邊酒造場〉

初荷に出発　その年の初出荷を「初《はつ》荷《に》」と呼ぶ。お正月、門松や国旗を着けた社用車とともに従業員が記念撮影。〈田野町甲・昭和 30 年頃・提供＝渡邊酒造場〉

フォトコラム・嗚呼、懐かしき子ども時代

兄弟と従姉妹で仲良くシェー！ 奥の建物からこどものくにと思われる。昭和 37 年に『週刊少年サンデー』で赤塚不二夫「おそ松くん」が連載開始。同 41 年にはテレビアニメ化した。登場人物のイヤミの特徴ある「シェー！」の言葉とポーズは、子どもだけでなく大人にも流行した。〈加江田・昭和 41 年・提供＝明利和代氏〉

本章には、昭和三十年から四十年頃の写真が多く掲載されている。子ども中心の家族写真が撮影されることが増えてくる時代である。

戦後しばらく、モノが不足していた時代の子どもたちは、ありものを工夫して何でも遊びに利用していた。「足らぬ足らぬは工夫が足らぬ」は戦時下の国策スローガンの一つだったが、終戦直後には生き抜くために必要な発想となっていた。写真に残された子どもたちの遊具にも工夫が満載である。

木や竹の棒で作ったバットや、手作りの布製グローブを手にした子どもたちにとって、舗装されていない路地裏も立派な野球場となった。戦後の子どもたちにとって、スポーツのなかでも野球の人気が一番だった。特に昭和三十四年から宮崎キャンプを始め、同四十年から日本シリーズ九連覇をはたす巨人軍の人気は絶大で、宮崎の子どもたちは巨人軍の野球帽をかぶってキャンプに行き、選手のサインをもらった。

全国的に流行したマンガや、テレビ番組のヒーローやヒロインも子どもたちの共通の話題となった。「シェー！」は、赤塚不二夫「おそ松くん」の登場人物イヤミが発する言葉とポーズで、全国的に大流行となり、宮崎の子どもたちの写真にも散見される。月光仮面、鉄腕アトム、鉄人28号などの著名なヒーローたちはもちろん、様々なキャラクターに扮する子どもたちの姿が記録されている。少女たちは、ヒロインの健気さに涙したり、そのファッションに影響を受け、お洒落に目覚めていった。また、写真には、乗り物やファッション、音楽など、次第に大人への憧れを抱くようになる子どもの姿も収められている。

一方、宮崎には、大人も子ども時代に戻って、一緒に遊ぶことができる「こどものくに」がある。岩切章太郎が構想した「観光地図」の一つとして戦前に誕生した「子供の国」を、昭和二十三年に宮崎交通が引き継いだもので、各家庭の家族アルバムには必ずといっていいほど、こどものくにの写真が残されている。太平洋を望む砂浜からは青島も見え、知福川の両岸の広大な敷地に、乗り物、遊技施設、豊富な遊具、動物園、植物園などが混在する、まさに夢の国だった。平成時代には遊具の撤去などが進んだが、現在も家族で一日中楽しめる宮崎市民の憩いの場となっている。

（渡辺一弘）

公園でヤギと遭遇　近所の児童公園で、偶然いたヤギと写真に納まった。〈老松・昭和 28 年・個人蔵〉

笑顔で遊ぶ子どもたち　自宅の前で、カゴの部分をとった古いベビーカーに乗って遊んでいる。子どもたちの後ろには風呂の煙突が見える。この頃のお風呂はまだ薪で焚いており、子どもたちは湯を沸かす手伝いをすることもあった。〈市内・昭和 30 年・提供＝石川悦子氏〉

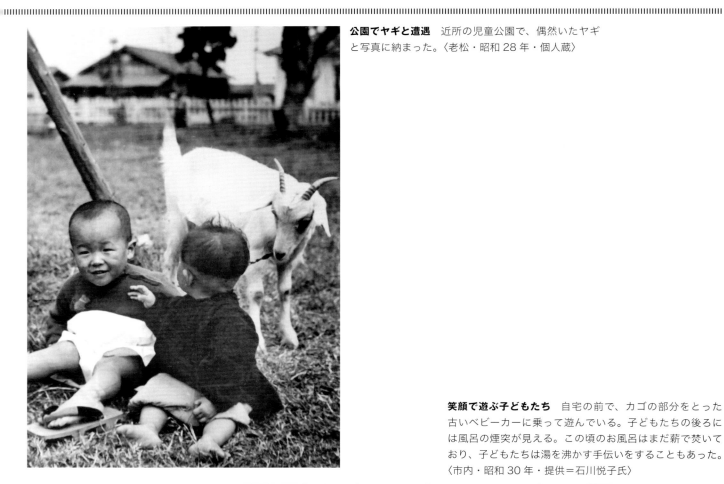

野球少年　少年はみんな坊主頭でシャツと短パン姿。未舗装の道路上も、子どもたちにとっては恰好の遊び場だった。当時の少年たちにとって人気のスポーツと言えば野球。憧れの選手をイメージしてホームランを狙う。〈城ケ崎・昭和 30 年頃・提供＝忠平悦子氏〉

道本食品の工場近くで　まだまだ空き地も多い大らかな時代、工場近くも子どもたちの遊び場であった。左下の男の子は立派なグローブをはめている。〈田野町甲・昭和 20 ～ 30 年代・提供＝道本英之氏〉

井倉川にて　まだ護岸前の井倉川で子どもたちが遊んでいる。この頃は遊泳もでき、魚すくいやザリガニ捕りなどの絶好の場であった。祇園橋の下辺りから南西に見ており、奥に日豊本線の鉄橋が写る。〈田野町甲・昭和 29 年頃・提供＝道本英之氏〉

大淀川河畔の橘公園　兄弟での記念写真。橘公園は約 1 キロにわたってフェニックスとロンブル（赤や青のテント）が美しい景観をつくりだしている。〈川原町・昭和 30 年・提供＝佐原安俊氏〉

一ツ瀬川の船　線路付近の一ツ瀬川。この頃は気軽に船遊びができた。係留された船に乗り込み、艪を持って船頭気分の男の子も。〈佐土原町下田島・昭和 30 年頃・個人蔵〉

本屋さんの前で　本田書店の前で、おしゃれをした女の子。貼られたポスターは月刊雑誌『明星』7 月号。「青春映画スタア大型プロマイド集」との見出しが見える。〈江平東・昭和 31 年・提供＝本田書店〉

三輪車とキックボード　男の子は下駄履きでキックボードに乗っており、ひざには包帯がある。擦り傷や切り傷は少年の勲章だった。女の子は服が汚れないようにおしゃれな前掛けをつけている。〈佐土原町上田島付近・昭和31年頃・提供＝青山功氏〉

レコードを聴く子どもたち　簡易型プレーヤーでＥＰレコードをかけている。針を落とす瞬間のわくわく感はいつの時代も変わらない。昭和34年以降、雑誌の付録についていたソノシートで、子どもたちはレコードをかける練習をした。〈佐土原町内・昭和31年・提供＝青山功氏〉

ダッコちゃん人形で遊ぶ幼児　「ダッコちゃん」は昭和35年6月頃から全国的にブームとなった。赤ちゃんが着ている服の胸にもダッコちゃんのワッペンが貼ってあり、そのブームの広がりが分かるが、偽物も多く出回った。〈神宮東・昭和35年頃・提供＝堀川タイヤ〉

子守りの子も一緒に　少年たちの鉢巻きは運動会帰りだろうか。恒久３丁目に銭湯があり、銭湯を営む親戚の子の子守りをしながら遊んでいたという。子どもたちはそれぞれの家庭環境を理解し、配慮しながらも自由に遊んでいた。〈恒久・昭和30年代・提供＝忠平悦子氏〉

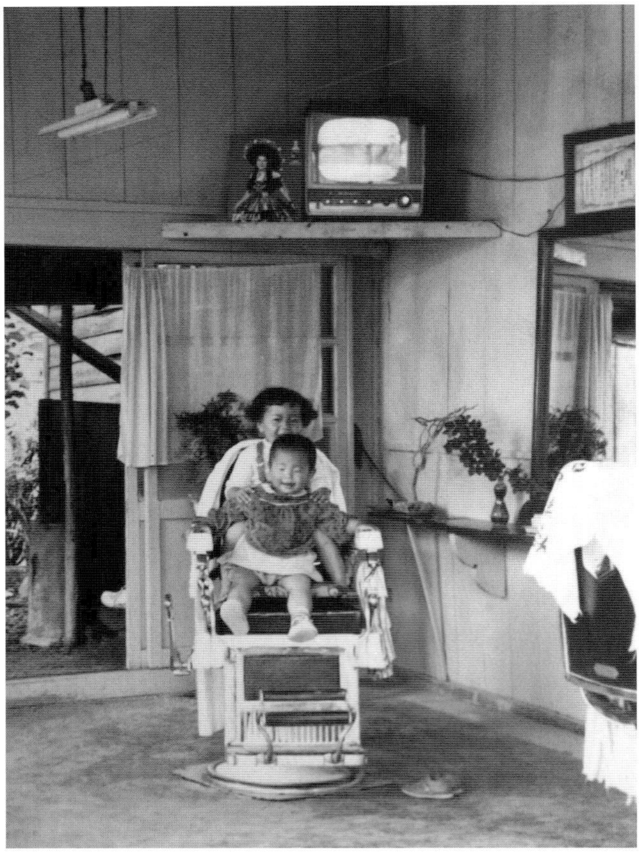

床屋のイスで遊ぶ　田原理容所では、当時としては高価なテレビを購入。高い場所に設置し、全体から見られる工夫がされている。テレビ見たさに客も増えたという。テレビの左には海外土産と思われる人形が置かれている。〈恒久・昭和36年・提供＝坂口まゆみ氏〉

野の花を集める少女　姉妹が仲良く宮崎競馬場近くの野原で遊ぶ。〈大島町・昭和37年・提供＝井内節子氏〉

カウボーイ姿でポーズ　西部劇は子どもたちにも人気があった。西橘通の老舗料理店・ぶたまんの店頭。同店は昭和 21 年に恵美須町で創業、同 29 年に現在地へ移転し、現在も営業している。ギョーズと表記するのが特徴。〈橘通西・昭和 37 年・提供＝日高玲氏〉

マツダ K360 と子ども　高千穂通 1 丁目の西中紙店の付近。マツダ K360 は昭和 34 年に発売され、愛称は「けさぶろう」であった。〈高千穂通・昭和 38 年頃・提供＝伊藤右美氏〉

通りの真ん中で撮影　車が通るなか、ポーズをとる少女。正面左は洋食店・グリル ムラキで、看板には、とんかつ、ビフテキ、カレーライスとある。その右に味自慢ラーメン白羽ばあちゃん、さらに右が山内クリーニング店である。黒迫通り（現サンサン通り）のロマン座の向かいにあった。〈橘通西・昭和 38 年頃・提供＝川野知佳子氏〉

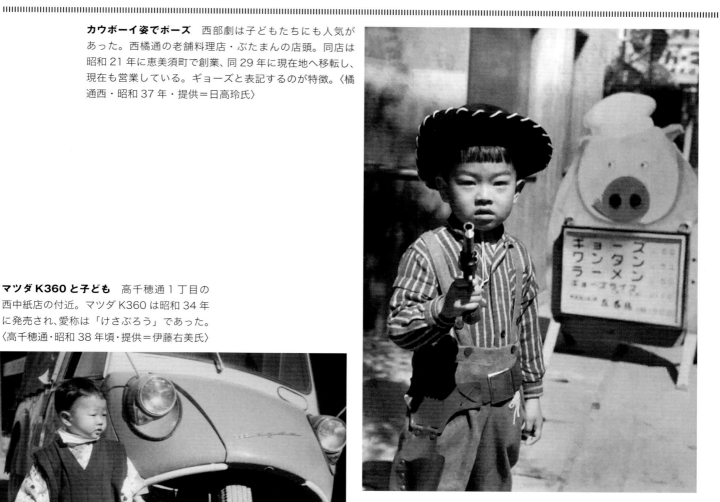

子守りのお手伝い　田原理容所店主の娘が店の手伝いとして、おんぶ紐でお客さんの子をおんぶし、子守りしている。〈恒久・昭和 39 年頃・提供＝坂口まゆみ氏〉

一葉稲荷神社へ参拝　一ツ葉は海水浴客で賑わっていたが、市内で商いをする人びとは一葉稲荷神社にもよく訪れ、参拝していた。〈新別府町・昭和 39 年頃・提供＝伊藤右美氏〉

七五三の晴れ着　足付きテレビのある部屋で、おめかしして記念撮影。〈高千穂通・昭和 39 年・提供＝伊藤右美氏〉

お菓子を持った少女　西中紙店前での一枚。手にさげているのは、正月のお祝いで買ってもらった、大箱入りのグリコキャラメルと不二家ミルキー。〈高千穂通・昭和 40 年・提供＝伊藤右美氏〉

おやつの時間　友達の家である大阪屋刃物店（現在地から上野町通りを挟んでやや北に建っていた）に、お誕生日会でお呼ばれした。カップのアイスクリームとショートケーキに子どもたちは大喜び。宮崎市らしく、後ろの野球帽はどちらも巨人軍のもの。〈橘通西・昭和 40 年頃・提供＝川野知佳子氏〉

兄弟と友達姉妹で一緒にスクーターに　小戸橋付近、中の又の路地にて。今でも中の又の地名はバス停に残っている。スクーターは、三菱重工シルバーピジョンのボビーデラックス C83。〈城ケ崎付近・昭和 40 年・提供＝明利和代氏〉

兄弟で忍者部隊月光ごっこ　忍者部隊月光は、昭和 39 年から 41 年にテレビドラマで放送された特撮ヒーローもの。戦闘用ヘルメットと革ジャンパーにブーツを着用、背中に日本刀を背負った独特のコスチュームであった。拳銃は使わず忍術のみで戦い、任務を遂行した。忍者部隊月光をまねて、兄はヘルメットをかぶり、背中に日本刀。弟は耳当て式のキャップをかぶり、日本刀を構えている。ブーツを模して長靴姿である。〈吉村町・昭和 41 年頃・提供＝明利和代氏〉

ミニスカートにおしゃれな靴で　まだ舗装されていない東雲通りを北に向かって撮影している。砂利道でもかまわず走りまわったものだった。〈橘通東・昭和 42 年頃・提供＝伊藤右美氏〉

みんなでシェー！　吉村町図公《ずこう》のわが家にて、兄弟と友だちでシェー！。手と足をあべこべにしている子も。右にはブラザー編み機の看板が立てかけられている。〈吉村町・昭和 42 年頃・提供＝明利和代氏〉

ギターをもって　当時、ベンチャーズが流行っており、父が買ってくれた子ども用エレキギターを持った弟がポーズ。兄は弟の肩に手をかけ、さながらジャケット写真のよう。〈江平東・昭和 44 年頃・提供＝本田書店〉

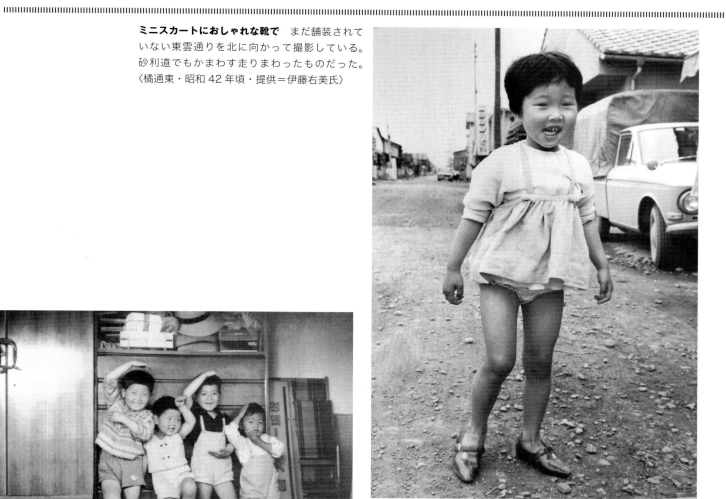

こどもの列車　こどものくには、昭和 14 年に「子供の国」として開園。宮崎バスと宮崎鉄道の共同出資によって完成した、まさに夢の国、おとぎの国であった。同 23 年に宮崎交通が買収し「こどものくに」と改称した。こどもの列車も時代によって汽車から電車へと変わっていった。〈加江田・昭和 30 年代・提供＝佐藤智子氏〉

回転遊具　こどものくには大人も子供料金で見学ができた。制服姿の大人も子どもと一緒に遊ぶ。奥に見えるのは、「コロコロコロリン」と呼ばれた円筒型の回転遊具である。〈加江田・昭和 31 年・提供＝佐原安俊氏〉

サボテン園　仲良しの友人たちと。写真はこどものくに入口辺りにあったサボテン園で、現在はなくなっている。ウチワサボテン奥に民家が並んで、「和洋酒総合 萩元酒店」の看板が見える。こどものくにでは、ソテツの大群落、ハマユウの丘、リュウゼツランの丘などが見られた。〈加江田・昭和 30 年頃・提供＝男成由香里氏〉

ゴーカート　無免許の子どもでも「マイカー」気分を味わえ、人気であった。奥には無料の回転遊具が見える。〈加江田・昭和 28 年・提供＝佐原安俊氏〉

貸しボート　こどものくには太平洋を望み、知福川の両岸約 17 万平方メートルにわたって広がっている。ボートは虹の橋近くのボートハウスで借りて、知福川を自由に漕いで移動できた。川には 3 つの橋が架かっており、乗っていない家族と手をふりあう姿がよく見られた。〈加江田・昭和 42 年頃・提供＝伊藤右美氏〉

コーヒーカップ　遊園地定番の遊具である。全体の床と、三つのカップの床と、個別のカップが別々に回転する仕組み。さらにカップについたハンドルを回すと回転速度が増し、気分を悪くする客もいた。こどものくにでは、後にフラワーカップに模様替えした。〈加江田・昭和34年・提供＝山田章雄氏〉

飛行塔　ワイヤーで吊り下げた飛行機「ひばり号」が回転する遊具。後にスカイジェットという名で、複数の飛行機型の乗り物が回転しながら上下する遊具に変わった。このほか、メリーゴーラウンド、急流すべりなど、多くの遊具施設で楽しめた。〈加江田・昭和46年・提供＝佐藤智子氏〉

神武大祭と地域の祭り

神武さまの余興隊・「赤穂浪士」の隊列　大成銀天街とクラーク通、拡張前の橘通との交差点に「橘通3丁目」のゲートサインがあった。写真奥が北方向。左に映画館帝国館「誰がために鐘は鳴る」の手書き映画看板、右奥に古賀百貨店の看板が見える。現在は橘通2丁目で、左にドーミーイン、右に第一信用金庫がある。〈橘通東・橘通西・昭和30年頃・提供＝川添朋子氏〉

壮大な規模の秋祭りとして知られる「神武さま」は、宮崎神宮例大祭の御神幸行列である。現在は十月二十六日に本宮祭が斎行され、その後の土・日曜日に御神幸がある。宮崎神宮の主祭神は神日本《かむやまと》磐余《いわれ》彦尊《ひこのみこと》（神武天皇）で、地元では畏敬と親しみを込めて「神武さま」と呼ぶ。

御神幸の歴史は古く、天明四年（一七八四）に神輿《みこし》渡御《とぎょ》の記録がある。その後、明治十三年には「渡御の儀の願い」が出され、中村御旅所への御神幸がはじまる。同四十二年頃には規模が大きくなり今日の行列の形態が整えられ、大正から昭和十八年までは瀬頭《せがしら》御旅所も加わって二カ所を行幸した。終戦を迎えると同二十一年から二十六年は占領下にて斎行され、日本が独立を回復した二十七年からは盛大に行われるようになった。その後、昭和四十年頃からは中村御旅所と瀬頭御旅所が隔年交代で受け持つようになった。終戦時の空襲や昭和天皇崩御の際に中止することもあったが、多くの関係者による献身的な奉仕によって続けられてきた。その間同二十五年には御神幸祭奉賛会が設立されて運営を担うようになった。

神の渡御には一般に神輿が用いられるが、「神武さま」では御鳳輦《ごほうれん》とよぶ天皇のための乗り物が用いられる。その前後には列太鼓や獅子をはじめ供奉《ぐぶ》員二七〇人以上が列し、厳粛さをもたらす。それに続く各地の歴史や民俗伝承にちなんだ神賑《かみにぎ》わい行列が人びとの関心を集める。たとえばミスシャンシャン馬は、結婚した夫婦が縁結びで名高い鵜戸《うど》神宮へ詣でたという風習で、家庭の円満を願う門出の旅と、それを迎えに出向いた家族や地域の人びとの祝福の心を今に伝える。

一方、宮崎市の夏祭りでは佐土原《さどわら》町愛宕《あたご》神社のだんじり喧嘩が知られる。夏祭りの多くは祇《ぎ》園《おん》信仰と深くかかわる。明治以前の祇園さまの祭神は疫病鎮圧の力をもつ牛頭天王《ごずてんのう》であり、この神を神輿に遷《うつ》して街中を巡ることで疫神《えきじん》を封じる。その際、お供や神賑わいとして登場するのがだんじりである。祭り二日目には最高潮となり、喧嘩だんじりを迎える。明治初期に大阪商人との交流が活発になって伝えられた。

その他、市内には多くの祭礼や年中行事が伝承されている。生活のなかに伝えられるささやかな伝承にこそ、地域の存在を活かし、家族や地《ち》域《いき》の生活を豊かに形づくる現代に通じる智慧が隠されている。日々の生活を根底から支える人づくり、地域づくりは文化にしか出来ない。今こそ伝承に学び、大切に受け継ぎながら現代を導く指針としたい。

（鈴木良幸）

神賑行列の余興隊　瀬頭御旅所に御鳳輦が到着すると、夕方から神賑行列の団体が異装で市中を練り歩く。手踊、剣舞、ジャズバンドなどで祭り気分を高揚させた。さまざまな仮装や着物を引っ掛けバイオリンを弾く姿の珍しさに学生服の子らは釘付けである。時局的に「日満親善」の幟が満州事変を伝えている。〈市内・昭和７年・提供＝南里晋亮氏〉

御神幸行列の芸妓屋台　市内で芸妓の運営をになう松山、橘の両検番から芸妓を乗せた屋台５台が華を添える。太鼓や三味線が奏され、イヤハーのはやしが聞こえる。当時芸妓の芸能は非常に高い社会的評価を受けていた。屋台上部の扁額には「宮検」とある。この年の行列は2,500人を超え、沿道は７万の人びとで賑わった。〈市内・昭和13年・提供＝吉田教雄氏〉

余興隊　左はヤッコさん、右は付き人の仮装。大淀地区に住む親子が記念撮影。神武天皇が乗った船「おきよ丸」を再現した神輿には、「八紘一宇」の文字が見える。〈神宮・大正11年・提供＝時任勉氏〉

神武さまの休憩所となった有明旅館　中村町の恵比寿神社が御旅所、休憩所になっており、近くの有明旅館（現ビジネスホテル有明）は神職たちの宿泊所、休憩所として現在も利用されている。写真は御霊前と書かれた長提灯などで荘厳された先祖様の前にて。初盆の母と夫婦、孫の家族写真。〈中村東・昭和初期・提供＝忠平悦子氏〉

神武さまの余興隊・おぎおんさぁのかさほこ踊り　鹿児島市八坂神社のおぎおんさぁ（祇園祭）御神幸行列のかさほこ踊りが、宮崎大店会によって招かれ神賑に奉仕した。空高くあがる祇園傘は７～９メートルあり、これを片手で持ち上げ妙技をみせ、特賞を受賞した。その高さは５階増床工事中の橘百貨店を追い越しそう。竹組の足場からは職人たちが見物している。〈橘通西・昭和30年・提供＝川添朋子氏〉

神武さま御神幸行列の獅子舞　「橘通二丁目」「カクイわた」のゲートサインがみえる場所。御神幸行列を先導する獅子舞が子どもたちの頭を噛み、厄を祓う。警備の警察官も興奮する子どもたちを大目に見ている。〈橘通東・橘通西・昭和 30 年・提供＝石川悦子氏〉

神武さま御神幸行列の稚児行列　稚児装束に金冠の頭飾りをつけ、扇を広げて歩く「女稚児」の行列。稚児も古式の神幸行列の一員として供奉する。神武さまの御鳳輦の前には女稚児、後ろには男稚児が並ぶ。橘通西４丁目にあった田中自転車商会や伊藤博文堂本店などの看板が見える。〈橘通西・昭和 32 年頃・個人蔵〉

米良電気店前での御鳳輦《ごほうれん》の渡御　古代衣装で御鳳輦（神輿）を渡御する。当時、米良電気店は橘通５丁目（現高千穂通２丁目）にあった。御鳳輦の前後に楕円形の紫御翳《むらさきのみかざし》と円形の管御翳《すげのみかざし》が立てられ、一緒に進む。担ぎ手は古代衣装に着替え、藁靴を履いている。〈高千穂通・昭和 30 年・提供＝石川悦子氏〉

鹿児島おぎおんさぁの傘と鉾　右２本の祇園傘の傘下には御幣をつけ、朱紐で神魂と鈴を下げる神聖なもの。神魂を地面につけたり、竿を跨いだりしてはいけない。３本目の鉾にも神魂と鈴を下げる。この年は大分の岩戸神楽、人吉の太鼓踊り、筑豊若松の五平太ばやし、高知のはりまや橋踊りなども参加。民俗芸能大会さながらの行列が人びとを楽しませ、戦後最大の人出となった。〈橘通・昭和 30 年・提供＝石川悦子氏〉

神武さまのサンドイッチマン　西部劇映画「ヴェラクルス」を宣伝するために馬にカウボーイに扮した人物が乗っている。看板を体の前後にかけて宣伝する人は「サンドイッチマン」と呼ばれていた。田原ネーム店が現在のみらい橘通保育園の場所に一時的に仮住まい店舗を出していたことから、宮崎神宮から橘通に向けて御神幸していることが分かる。〈橘通東・昭和 29 年頃・個人蔵〉

神武大祭奉賛の船　「たちばな」と書かれた船には橘百貨店の広報要員として、着飾った女性たちが乗っている。当時の橘通５丁目にあった橋本商店、田中自転車商会の看板が見える。〈橘通西・昭和 30 年代・個人蔵〉

江平町二丁目商店会の踊り　左が「初御代」で有名な酒造・金丸本店で、同店の経営者は日南市飫肥で小玉醸造を再開している。〈江平西・昭和 30 年代・提供＝本田書店〉

御神幸行列　御神幸行列は例年の２倍の長さで、５キロにおよんだ。熊本、別府の芸者の手踊り、南那珂郡酒谷村の獅子舞、米良神楽、日向民謡会、橘百貨店の花バス、専売公社のタバコ天国、文化ストリートのいもがらぼくと、高知のはりまや橋、小倉の祇園太鼓、熊本のおてもやん、人吉の太鼓踊・五木の子守唄、大分の岩戸神楽、日田の鵜飼遊船、鹿児島の平六踊、川内のガラッパ踊、延岡のバンバ踊、日南の太平踊など 45 組が繰り出した。〈橘通東・昭和 30 年・提供＝石川悦子氏〉

五平太ばやし　福岡県専門店連合会による行列。石炭をみつけた長崎県平戸の人の名から、石炭を五平太とよぶ。五平太の恩恵にあやかる筑豊炭田の人びとの間に生まれたはやし。明治時代に炭田から若松港まで石炭を運ぶ五平太舟の船頭たちが疲れ休めに歌いはやした。この節に火野葦平が詞をつけたという。〈市内・昭和29年頃・個人蔵〉

山形屋百貨店の余興隊　昭和29年公開の映画「月よりの使者」をモチーフにした車。同映画は、山本富士子、若尾文子演じる美しく気高い看護婦の悲愛の物語で、同24年には、竹山逸郎と藤原亮子による同名主題歌が発表され大流行していた。この年、30組が奉仕した神賑行列余興隊の中で、栄えある1等賞を受賞した。〈市内・昭和30年・提供＝石川悦子氏〉

メキシコ風仮装①　「メキシコの美術」とあり、メキシコをテーマにした余興隊。奥の「橘寿し」は橘通5丁目にあった「主婦の店橘市場」に入っていたが、その後、松山町に移転した。〈橘通西・昭和30年代・提供＝猪俣広宣氏〉

メキシコ風仮装②　奥に「三光飼料」の看板がみえる。道が舗装されていないことから瀬頭の御旅所への途中と考えられる。〈市内・昭和 30 年代・提供＝猪俣広宣氏〉

シャンシャン馬道中①　シャンシャン馬は、新婚夫婦が鵜戸神宮に参拝した習俗をもとに観光化した行事である。田中自転車商会や伊藤博文堂本店の看板が見える。伊藤博文堂本店は謄写版専門店で昭和 35 年には橘通 5 丁目 63 番地にあった。〈橘通西・昭和 30 年代・個人蔵〉

神武さまのシャンシャン馬道中　マキノ雨傘店の店前に多くの人びとが集まっている。店の２階からのぞいたり、左隣の菊池皮膚科の塀に登ったりする見物人もいた。神武さまの日、学校の授業は２時間で終わり、帰宅すると着物に着替えて神武さまの行列を拝んだ。田舎の親戚もやってきて、バラすし、煮付け、煮豆、刺身などご馳走を振る舞ったものだった。清武や田野方面からの買い物客も訪れ、中村町は大賑わいだった。〈中村町・昭和 20 年代・提供＝遠山銃砲店〉

シャンシャン馬道中②　橋本商店前ではアーケードの屋上にも見学席があった。神武さまへシャンシャン馬が初参加して人びとの注目を集めたのは昭和 24 年。日向日日新聞社が主催となりミス・シャンシャン馬を募集し、当初は応募の中から５人が選ばれたが、のちに県下各市から選ばれるようになった。〈橘通西・昭和 30 年代・提供＝西郷親栄氏〉

白鬚神社夏祭り

白髭神社の夏祭り　五穀豊穣、無病息災などを願って獅子舞や神輿が村中を練り歩く。平成に入った頃から2年に1度になった。旧称白糸大明神といい、竪岩ヶ迫にある。明治初期の例祭日は旧暦10月下旬の丑の日であったが、明治19年に北郷村（現美郷町）宇納間地蔵尊を分祀し、火祈祷神楽を12月に奉納している。〈有田・昭和41年・提供＝吉田教雄氏〉

青島臼太鼓踊りの奉納

青島臼太鼓踊りの奉納　冬着であることから「青島神社裸まいり」で奉納後、拝殿前での記念写真と思われる。戦中・戦後も細々と続いていたが、昭和26年10月の神武様を最後に様々な事情で中断した。平成元年に復活し、現在でも12月に大将軍神社へ奉納するなど、様々なかたちで継承されている。〈青島・昭和20年代前半・提供＝弓削文人氏〉

守山神社夏祭り

守山神社の夏祭り　大正年間から海上安全と豊漁を祈願して行われている。夏祭りのときのあばれ神輿の巡幸とともに歌われる祝唄がある。港町ならではの明るくめでたい歌詞で、男性的でこぶしのきいた歌で、加江田村から伝わったという。〈内海・昭和初期・提供＝山本雄一氏〉

愛宕神社夏祭り

だんじり　城下町・佐土原の「だんじり」は町人の心意気を伝える祭り。愛宕神社は養老２年（718）の創建と伝えられ、火之迦具土神と天児屋根命を祀る。旧暦６月 23 日、24 日を夏祭りと定めていたが、現在は７月24日に近い土、日曜日に行われる。「ドテドンドテドンサッサイ」という太鼓の擬音と掛け声から「ドテドン」ともいう。仁科金物店、丸万パチンコの看板が見える。人の乗っただんじりを多くの青年たちが担いでいる。〈佐土原町上田島・昭和 20 年代後半・提供＝青山功氏〉

赤組の勝利！　祭りに際して町内は青組・赤組の区域に二分され、囃し太鼓を打つ子ども組も編成される。祭りの頂点である「だんじり喧嘩」は、最終日旧駅前広場における青・赤のだんじりによる競い合いで、台の鼻をつき合わせ勝負をきめるのである。写真は旧西佐土原駅前で、右はお酢屋の石川工業。「赤組大勝利」の文字を掲げて、勝利の記念写真。〈上田島・昭和 40 年代後半・提供＝佐土原人形店ますや〉

子どもだんじり　愛宕神社夏祭りの子どもだんじりは、赤団は 26 年から、青団は 27 年から始めた。それぞれの地域の地元職人による手作りのだんじりであった。〈佐土原町上田島・昭和 29 年頃・提供＝青山功氏〉

子どもたちも祭り好き　多くの小学生も男女で夏祭りに参加した。男児は坊主頭だが、坊主頭にねじり鉢巻きもかっこよい。〈佐土原町上田島・昭和27年・提供＝青山功氏〉

3丁目商店街の夏祭り　巨大なだるまの作り物。市原呉服店やカナモノマツムラ・森永ミルクキャラメルなどの看板が見える。夏祭りの日は、この地区一帯が祭り一色となり、各地区で催しが行われた。〈佐土原町上田島・昭和33年・提供＝青山功氏〉

夏祭りの余興　飾り笠をかぶった女の子たちが三味線を弾きながら行進。日傘から夏の暑さが伝わってくる。〈佐土原町上田島・昭和20年代後半・提供＝青山功氏〉

おそろいの祭姿で踊る子どもたち 半天に鉢巻き姿で女の子たちが集まっており、４人がポーズをとって記念写真。左にお面を売る屋台が見える。今でもたくさんの屋台が出ている。後ろの乾物屋は山惣商店。〈佐土原町上田島・昭和 31 年頃・提供＝青山功氏〉

愛宕神社の夏祭りの余興隊 昭和９年６月 24 日。五日町小女囃子組が前列に並び、腹に晒しを巻いた祭姿の男性たち、髷を結った女性たちも並ぶ。新調の花屋台にはキリンレモンの提灯が下げられている。キリンレモンは昭和３年発売。〈上田島・昭和９年・提供＝佐土原人形店ますや〉

きよたけ破魔祭り① 昭和 53 年から開始。毎年７月の土・日曜日に行われ、フリーマーケットや行列の練り歩きなどが行われる。平成５年からはきよたけ郷土祭りの名となった。写真はまえだ文具店や宮崎相互銀行清武支店前を行く奴踊りの行列である。宮崎相互銀行は平成元年から宮崎太陽銀行と改称している。〈清武町船引・昭和59年・提供＝宮崎市〉

きよたけ破魔祭り②　祭りの行列にはコカ・コーラ工場の社員も参加した。コカ・コーラの赤を基調とした出し物が恒例で、地域住民からも親しまれていた。現在の西新町交差点から北を見ており、コカコーラの空き缶で作られた神輿が担がれている。〈清武町船引・昭和55年・提供＝宮崎市〉

田野の夏祭り

田野天建神社の夏祭り　毎年7月下旬には田野天建神社の例祭が行われ、露店や神輿の巡業で賑わっていた。昭和40年代からは役場や商工会など町を挙げての郷土祭りとなり、昭和末期頃は「田野ふるさと祭り」の名だった。平成27年からは「田野しっちゃが祭り」と改称している。写真は大西ライオン堂と永山理容館の前を行く神輿。〈田野町甲・昭和37・提供＝大西ライオン堂〉

田野ふるさと祭り　田野郵便局付近から西を見ている。祭りでの地元企業や団体らの出し物行列は大いに盛り上がった。〈田野町甲・昭和60年代末・提供＝渡邊酒造場〉

写真提供者、協力者一覧（敬称略・順不同）

青山功
飯尾彪
井内節子
池田祐子
石川悦子
伊藤右美
猪俣広宣
岩切哲
岩切利幸
岩切八郎
岩切義弘
梅﨑辰實
大峯正男
大峯絹江
緒方公男
小川悦子
男成由香里
尾割利秋
加治屋繁
金個暁子
川崎薫
川下ミドリ
川瀬香一朗
川添朋子
川野知佳子

菊池佐津子
木下富美子
倉永憲禧
郡谷美穂子
五代雅浩
児玉琴恵
古場邦子
小松重次
西郷親栄
斎藤美津子
坂口まゆみ
坂本篤令
坂元牧子
佐藤智子
佐藤圭一
佐原安俊
四位邦明
清水岩生
杉山恵子
髙木レイ子
髙橋敏夫
高見彰彦
忠平悦子
多田将
谷口昌広

黒葛原哲
時任勉
富岡重人
冨永伸二
富永泰子
鳥丸洋
中川雄一
長友純子
長友浩教
永野秀二
那須啓人
南里晋亮
西中次男
野田正子
萩原健太
埴原善和
濱田喜味代
原田解
日高三朗
日高玲
平原イク子
平原哲夫
平原京子
福田泰典
藤田吾郎

堀川典子
増田ツヤ子
松浦夏菜
松本富郎
溝口登志裕
道本英之
村山敬子
明利和代
森川紘忠
諸岩則俊
柳本芳明
矢野美恵子
山下要子
山田章雄
山本雄一
湯浅倉平
弓削文人
横山伴子
吉田教雄

青島太鼓踊り保存会
大西ライオン堂
大淀マチオモイ帖製作委員会
北一株式会社
佐土原人形店ますや
東洋ネオン
遠山銃砲店
堀川タイヤ
本田書店
渡邊酒造場
宮崎市
宮崎県総合博物館
天ケ城歴史民俗資料館
佐土原小学校
那珂小学校

＊このほか多くの方々から資料提供やご教示をいただきました。謹んで御礼申し上げます。

おもな参考文献（順不同）

『宮崎県史　通史編　近・現代1』（宮崎県・二〇〇〇）
『宮崎県史　通史編　近・現代2』（宮崎県・二〇〇〇）
『宮崎県史　資料編　民俗2』（宮崎県・一九九二）
『宮崎県政外史』宮崎県政外史編纂委員会編（宮崎県政外史刊行会・一九六七）
『宮崎市史』宮崎市史編纂委員会（宮崎市・一九五九）
『宮崎市史年表』宮崎市史編さん委員会（宮崎市・一九七四）
『宮崎市史　続編　上』宮崎市史編纂委員会（宮崎市・一九七八）
『宮崎市史　続編　下』宮崎市史編纂委員会（宮崎市・一九七八）
『佐土原町史』佐土原町史編纂委員会（佐土原町・一九八二）
『清武町史』（清武町・一九六〇）
『高岡町史　上・下』高岡町史編さん委員会（高岡町・一九八七）
『田野町史　上・下』（田野町・一九八三）
『大日本青年団史』大日本青年団編（大日本青年団・一九四二）
『高岡町合併40周年記念誌』（高岡町・一九九五）
『八十年誌』宮崎県立宮崎工業高等学校（一九八五）
『南國宮崎博記念誌』児玉親雄編（南国宮崎産業観光大博覧会・一九五七）
『宮崎県災異誌』　宮崎地方気象台（一九六七）
『宮崎県職員録』宮崎県知事官房（一九四三）
『宮崎県神社誌』（宮崎県神社庁・一九八八）
『宮崎交通70年史』宮崎交通社史編纂委員会（宮崎交通・一九九七）
『宮崎市郡医師会史』田代逸郎編（宮崎市郡医師会・一九六九）
『日向郷土事典』松尾守（歴史図書出版・一九八〇）
『宮崎県大百科事典』（宮崎日日新聞社・一九八三）
『RM LIBRARY 69　宮崎交通鉄道部』田尻弘行（ネコパブリッシング・二〇〇五）
『ある塔の物語—甦る日名子実三の世界』三又たかし（観光みやざき編集局・二〇〇二）
『江戸時代人づくり風土記㊺ふるさとの人と知恵　宮崎』江戸時代人づくり風土記編纂室（農山漁村文化協会・一九九七）
『江平町郷土誌』川野敏郎／田代学編（まちづくり計画・建築研究所・二〇〇四）
『大淀、古き確かな証　～昭和・平成・そして令和へ～』（大淀マチオモイ帖製作委員会・二〇二一）
『形式別　国鉄の蒸気機関車Ⅰ』（機関車史研究会・一九八四）
『皇紀・万博・オリンピック』古川隆久（吉川弘文館・二〇二〇）
『後藤勇吉の記録』（夕刊ポケット新聞社・一九七七）
『昭和絵巻　橘通から江平町』黒木朝子著／いちいち会編（鉱脈社・二〇〇八）
『写真集　追憶の風景』（宮崎経済新聞社・一九九二）
『写真集　宮崎100年』（宮崎日日新聞社・一九八二）
『白い浮雲の彼方に』戸高保（鉱脈社・一九九六）
『大日本職業別明細図』（東京交通社・一九三七）
『短歌平明論』岡田誠一（山光書房・一九六五）
『日本出版大観』（日本出版タイムス社・一九三〇）
『八紘一宇の社会思想史的研究』黒岩昭彦（弘文堂・二〇二二）
『ふるさとの想い出写真集　明治大正昭和　宮崎』野口逸三郎／富永嘉久（国書刊行会・一九八六）
『ふるさと宮崎市』甲斐亮典監修（郷土出版社・二〇一四）
『マチオモイ帖　——大淀町——　第10集』（大淀地域まちづくり推進委員会文化伝承部会・二〇二三）
『幻の街　——昭和一ケタ時代の宮崎』荒武直文（鉱脈社・二〇〇〇）
『宮崎県の百年』別府俊紘、末長和孝、杉尾良也（山川出版社・一九九二）
『宮崎県の歴史』坂上康俊、長津宗重、福嶋金治、大賀郁夫、西川誠（山川出版社・一九九九）
『みやざき戦後50年』宮崎日日新聞社（宮日文化情報センター・一九九六）
『宮崎・日南・串間今昔写真帖』甲斐亮典監修（郷土出版社・二〇一〇）
『宮崎　街知本』山田章雄（ブイツーソリューション・二〇一九）
『宮崎県年鑑　1959年版』（日向日日新聞社・一九五九）
『九州技報　第12号』（一般社団法人九州地方計画協会・一九九二）
『あおやぎ　4号～6号』宮崎江陽高等女学校青柳会（一九二八～一九三一）
「暑さを吹き飛ばす夏祭りと息災を願う祓行事」鈴木良幸『調査月報』374号（みやぎん経済研究所・二〇二四）
「戦後地方博覧会における地域イメージの再構築 - 南国宮崎博（1954）のケーススタディ」長谷川司『総合政策研究』33（二〇〇九）
「旅する少女歌劇団」を追う旅」鵜飼正樹『神奈川大学評論』103（二〇二三）
「日本少女歌劇座　一九二八年の旅」鵜飼正樹『新社会学研究』6（二〇二一）

＊このほかに自治体要覧や広報誌、新聞記事、住宅地図、ウェブサイトなどを参考にしました。

■監修・執筆

渡辺《わたなべ》一弘《かずひろ》（宮崎市史編さん専門委員）

■執筆

今城《いまじょう》正広《まさひろ》（宮崎市史編さん室室長）

金子《かねこ》龍司《りょうじ》（宮崎公立大学人文学部講師）

川越《かわごえ》祐子《ゆうこ》（フリーランスライター）

鈴木《すずき》良幸《よしゆき》（宮崎大学地域資源創成学研究科講師）

竹村《たけむら》茂紀《しげき》（日向学院高校教諭）

籾木《もみき》郁朗《いくろう》（宮崎公立大学非常勤講師）

■編集協力

山田《やまだ》章雄《あきお》（20世紀の宮崎遺産アーカイブ事務局代表）

（※50音順・敬称略）

写真取材
本多礼奈

装幀・DTP
伊藤道子

編集・制作
折井克比古

販売企画
秋山宏樹

写真アルバム **宮崎市の100年**

2024年9月20日　初版発行

監　　修　渡辺一弘

発 行 者　山田恭幹

発 行 所　樹林舎
〒468-0052　名古屋市天白区井口1-1504-102
TEL: 052-801-3144　FAX: 052-801-3148
https://www.jurinsha.com/

印刷製本　大日本法令印刷株式会社

ISBN978-4-911023-05-1 C0021
＊定価はカバーに表示してあります。
＊乱丁・落丁本はお取り替えいたします。